LOCUS

LOCUS

LOCUS

LOCUS

LOCUS

LOCUS

catch

catch your eyes ; catch your heart ; catch your mind……

catch 138

# 台灣鐵頭出少林

作者　林勝傑
繪圖　劉莉莉
責任編輯　繆沛倫
美術設計　徐蕙蕙
法律顧問　全理法律事務所董安丹律師
出版者　大塊文化出版股份有限公司　台北市105南京東路四段25號11樓
讀者服務專線　0800-006689
TEL　(02) 87123898
FAX　(02) 87123897
郵撥帳號　18955675
戶名　大塊文化出版股份有限公司
e-mail:locus@locuspublishing.com
www.locuspublishing.com
行政院新聞局局版北市業字第706號

總經銷　大和書報圖書股份有限公司
地址　台北縣新莊市五工五路２號
TEL　(02) 8990-2588（代表號）
FAX　(02) 2290-1658
初版一刷　2007年11月
定價　新台幣260元
ISBN 978-986-213-017-9
Printed in Taiwan

# 台灣鐵頭出少林

林勝傑　著

# 目錄

## 第一篇　少林功夫與我

# 第一篇 少林功夫與我

少林寺，一個彷彿只應該出現在電影或武俠小說的名稱，而來自台灣的我，竟然靠著自己的努力，進入少林寺練功，成為了一名少林弟子。

【第一回】

# 身體底子虛，練武強身去

那一年，我七歲，正是一般小孩最無憂無慮的年紀，每天從幼稚園下了課，就是等著去探索許多未知而新奇的事物，只是跟別人比較不同的地方是由於先天體質較弱，加上過於受寵而養成挑食的習慣，讓我從小就是病痛不斷，感冒咳嗽早已是家常便飯。半夜裡發燒掛急診的戲碼更是不時上演，由於生病的次數過於頻繁，讓家裡的長輩們束手無策，拚了命的找盡各種偏方幫我補身，無奈我弱小的身體偏偏就是不爭氣，始終未見好轉；一方面是年紀小，另一方面則是久病成自然。對我來說，生病只要看完醫生吃完藥就會好了，雖然有時候也要打個針，但沒有想像中來得可怕，直到有一天……

那天早上起床時和往常有些不同，還沒睜開眼睛，就已聞到一股濃濃的藥水味，接著映入眼簾的並不是平常熟悉的家中場景，正當我因疑惑而感到恐懼，本能的想要離開這個陌生的環境時，赫然發現我沒有力氣移動身體，於是我舉起雙手想要求救，卻看到了更可怕的畫面，我的兩隻手臂上竟然插著針和管子，這是我清醒後印象最鮮明、也是最可怕的畫面，接下來的事我就又沒印象了。我想應該是被嚇昏了，不知道隔了多久，我又再度醒來，這次出現在我眼前的，是我那慈愛卻又滿面愁容的母親大人，我迫不及待的想要告訴她我剛才做了一個非常可怕的惡夢，不過這一次卻是連手都舉不起來了，除了插在手上的管子，還多了幾塊板子跟一圈又一圈的膠帶，牢牢的把我固定在床架上，母親大人一邊安撫我不安的情緒一邊無奈的對我說：「醫生怕你亂動會把點滴扯下來，先忍耐一下，很快就好了。」而我只能無助的哭喊，在我幼小的心靈裡，害怕自己是不是就要開始每天這樣的生活，是不是不能再享受其他小朋友能夠悠遊在藍天綠地裡的自在時光。

幸好，住院的時間不是太久，對於其他人來說，急性腸胃炎或許只是拉一拉肚子，看醫生吃藥打針就會好的疾病，沒想到一發生在我脆弱的身體

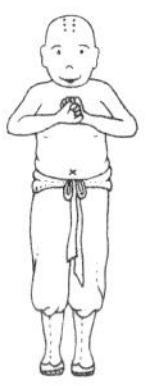

上，竟會是死去活來的折騰著全家人好幾天！經過了這次慘痛的教訓，卻依然不能讓我產生改善身體狀況的覺悟，畢竟當年我才七歲。不過，我的父親大人卻彷彿受到了重大的打擊，於是他做了一個改變了我一生的決定，就是讓我習武。

父親大人曾在三年的軍旅生涯之中，習得氣功及紮實的武術基本功，但他從沒想過要將功夫傳授給我，除了怕我體弱無法承受外，也深知習武過程的艱難與辛苦，但到了今天這樣的狀況，父親大人也只好忍痛的把死馬當活馬醫，從最基本的訓練開始。從七歲的不知道哪一天起，每天清晨就是被父親大人從睡夢中拉到頂樓去練功，不論是寒冬或酷暑，一直練到我小學三年級都不曾稍有一日間斷。

而這段過程的艱難辛酸，也絕非能用三言兩語可以帶過的，尤其是在寒冷冬天的清晨，看著家人睡在溫暖的被窩裡，而我卻要獨自面對凜冽的寒風練功，在當時幼小心靈中的心酸可想而知。當然也曾上演過哭鬧耍賴的戲碼，但值得慶幸的，是父親大人從來不為所動，他始終在每天一早練功的過程中扮演著嚴師的角色，當然在不練功的假日下午休閒時光中，他也跟一般的父親一樣會帶著我們去公園打棒球、夜市逛小吃。我總是很難把這些和父親大人相處的快樂時光，跟早晨的辛苦練功連結在一起，現在回想起來，那還真是一段矛盾的童年。我只知道，支持我撐過那一段苦練的過程，除了父親嚴格而認真的指導外，還有那在我心中一直揮之不去的惡夢，因為對我來說，練功再苦，也比不上住院的那種無助與恐懼，也因為這樣的訓練，讓我的身體逐漸擺脫了病痛的糾纏，甚至在我九歲那一年，已經有體力可以跟父親大人在體育場上連續跑上四公里而不需休息。

這樣健康的身體，對從前的我來說是奢侈的，而隨著健康狀況的改善及體力的明顯進步，早晨的練功對我來說也不再辛苦，反而讓我更加勤奮的練功。因為我已培養出每天和父親一起打拳的樂趣，我想這樣的情況應該也是當年父親大人想像不到的吧！

起首一字地盆為五形
五形者即龍虎豹蛇鶴是也
蓋龍以鍊神虎以鍊骨
豹以鍊力蛇以鍊氣鶴以鍊精
岳武穆云運用之別
在乎一心惟學者
細心領會方得其妙焉

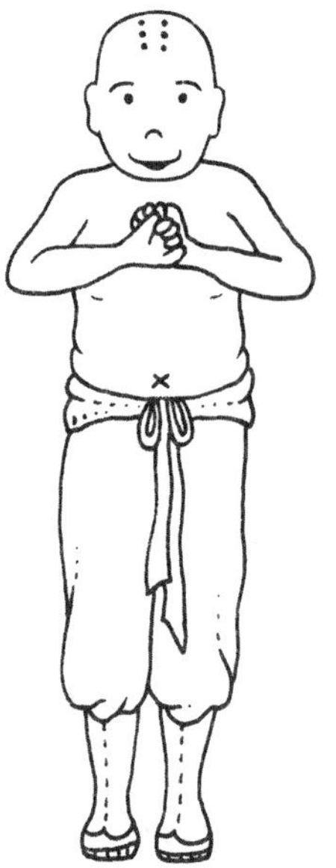

## 【第二回】武術擺兩旁，考試最重要

當我身體的健康狀況有了明顯的改善之後，我也慢慢感覺到父親大人對我練功的要求逐漸減少了。有一部分的原因，是當時正值家中事業成長期，父親大人不再有太多的時間能夠和我每天練功，而更確切的理由，是既然我的身體不再有那樣多的毛病，那就應該把心思全力放在讀書和考試上，畢竟在當年的教育環境下，練武強身是逼不得已，升學考試才能有機會出人頭地。

但畢竟我對練武已培養出濃厚的興趣，一時之間實在是難以割捨，但在當下的情勢也令我體認到，除非把書念好，否則我可能連練功的時間都會被剝奪。而且不知道是哪個鄰居無意間向我的父母親提起，練武的小孩容易逞凶鬥狠，為了那個建構在優良成績底下，所謂的光明前程及大好未

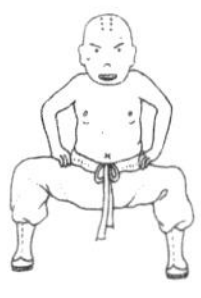

來，我的父母從一開始的鼓勵我練武，到後來逐漸轉變成不希望我花時間在練功上，我只好開始一邊努力讀書求取好成績，一邊再抽出難得的時間來練習武術。只可惜少了父親大人的訓練及每日固定的練功時間，因此有好長的一段時間我感受不到自己再有進步，但也因為想把握住這僅有的一點機會，我還真的花了一番心思用功讀書，為的只想給自己多爭取一些練功的時間。所以一直到國中畢業，我的成績始終名列前矛，我想這應該就叫做是「意外的收穫」吧！

只是在這裡我也必須承認，當年我每天早上五點不到就騎著腳踏車出門，並不是像我跟父母親說的那樣，是為了一早到學校去念書效果比較好，而是去找一個安靜且不會被人發現的地方偷偷去練功。為了要找個離家比較遠的地方（別問我為什麼，當然是不想被認識的人發現），往往都要快速騎上至少四十分鐘的車程，練完功後又得飛快的騎回學校去上課。結果，沒想到就在這樣的刺激及壓力下，練出了我結實的腳力和耐力，只是有時練功過了頭，一不小心還是會常常遲到。日子久了，老師再也忍不住的打電話到我家向我母親抱怨我常遲到，這時母親大人反而會用疑惑的語氣向老師解釋說：「不可能啊！他每天五點不到就去學校念書啊！」，我想電話那頭的老師應該也是一頭霧水吧！我也只能向母親含糊的解釋說，因為我在學校籃球場讀書常會讀到睡著，所以才會遲到，幸好有名列前茅的成績作掩護，不然還真不知道該怎麼交代每天平白無故消失的三小時呢！

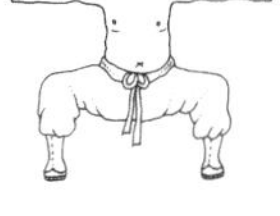

【第三回】

# 首都路繁華，鬧市間迷途

上了高中之後，由於暫時不需再面對升學的壓力，加上讀的是台北市的學校，我開始有更多的時間可以自我運用。在高中以前有機會來台北的次數可以用五隻手指數得出來，因此台北的一切對我來說是非常新鮮的，我每天總要花上許多時間來探索這個充滿未知的城市，不過由於我辨識方向的能力不甚靈光，因此時常迷路也常鬧出許多笑話。每一次的迷路也總能發現之前不曾留意的地方，雖然充滿刺激與驚奇，不過也要付出上學又遲到的代價，我想教官應該不會接受因迷路而遲到的理由吧。

這一天一早跟往常一樣，出了台北火車站之後，我選擇了和學校不同的另一個方向，開始我早上的探索之旅，只是沒多久我發現自己又不知身在何方了，看一看錶，我想今天又要遲到了吧！沒想到猛然一看，前方不遠處有一個和我穿一樣制服的學長，真是令人喜出望外啊！我想只要跟著他就沒錯了，正當我陶醉在自己的幸運和機靈時，卻也發現學長走的路好像跟平常上學的路有很大的不同。我的心裡雖然不安，但也只好安慰自己「是捷徑吧」……沒多久，跟在學長身後亦步亦趨的我，穿過了一座風景優美的公園，果然沒錯！一穿過公園之後真的看到學校了，不過仔細一看，這不像是我們的學校啊？再看一下前方的學長走到學校的圍牆邊，身邊突然出現了一個穿綠制服的女生挽著學長的手，兩個人快樂的坐上計程車離開了，留下內心充滿問號跟驚嘆號的我。不是這樣吧！我心中尊敬的學長一大早就蹺課約會去了！

很快的我走出了哀怨的情緒，因為一個現實的問題正考驗著我，我身處的地方非常特別，眼前竟然沒有一戶人家可以讓我問路，去問這個學校的教官嗎？他們一定不會相信的，去問旁邊總統府的憲兵嗎？（生平第一次見到真實的總統府，卻因面臨人生的考驗而提不起勁）會被當成笨蛋攆走吧！心中又開始怨起學長來了，突然靈機一動，剛才走過的公園好像有很多人在運動，在那裡一定可以找得到我要的答案，幸好我還記得怎麼回

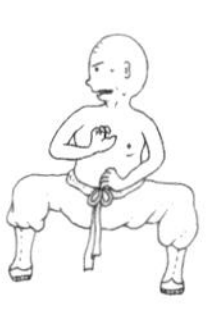

去，這時候除了讓我了解到不是每一個學長都是值得信賴的之外，也同時體會到了天無絕人之路的道理。

回到公園之後，我才驀然發現，由於剛才太專心跟著學長的腳步並沒有留心週遭的環境，原來這個公園還真是不小，仔細一看，到處都是在練功的老先生跟老太太，也有一些是中年上班族，這個角落有人正在全神貫注的練著太極拳，另一邊則是推手和氣功，當然外丹功也不在少數，突然忘了我是來問路的，心中閃過了一個念頭，這不正是我夢寐以求練功的好地方嗎？一時之間，快樂的心情掩蓋了迷路與遲到的不安，當然最後我還是找到了回學校的路，不過對我來說那已經不是太重要了！

## 【第四回】晨起日月長，高人隱於市

自從知道了有公園這樣一個練功的好地方之後，只要一有機會，我就會在上學之前來這裡練練拳腳，有時非得練到九點多了，才肯提起書包回學校，這樣不就肯定又遲到了嗎？那倒未必，因為我已經跟負責點名的同學成為好朋友，好朋友之間總是會互相體諒的。

慢慢的隨著我來練功的次數多了，我也逐漸熟悉了公園裡的環境，原來在這裡有著各式各樣的門派，單一個太極就分了好幾個區塊，而每個派別之間也有著各自的地盤，要是有人不識相的沒先打過招呼就到人家地盤上練功，可是會被白眼的，為什麼我會知道呢？因為我一開始就是那個不識相的人，就在不小心誤踩了幾次別人的地盤之後，我終於找到了自己的地方，在這裡練功的是一個慈祥的婆婆，也不知道她練的是什麼樣的功夫，

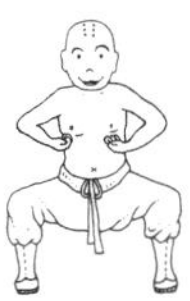

只曉得她每天都會來，也有看到幾次他打著慢慢的太極拳，有時候也會有幾個和她年紀差不多的長者一起練功，大概是婆婆習慣比較早來吧，每當我才要開始的時候，婆婆都已經開始在收拾東西了，久了之後，變成了我跟婆婆之間的默契，我想婆婆是不想打擾我吧！

有一天我突然心血來潮起了個大早，想去坐早上五點半的火車，因為厭倦了平常人擠人的上班上學時間，想體會一下悠閒的晨間時光。果然，早上五點半的普通車，跟平常擠得跟罐頭一樣的電聯車有著天壤之別，除了速度稍慢，其他的感覺只能用自在來形容。到了台北也是一樣的寧靜，踏著輕鬆的步伐來到我熟悉的公園，朝著我練功的地方遠遠一望，咦？婆婆也這麼早來練功啊！不過感覺好像也不太像，怎麼練功的人身手這麼俐落呢！太遠了實在看不清楚是什麼樣的人，不知不覺中加快了腳步想趕快一探究竟，沒想到真的是那位慈祥的婆婆啊！說也奇怪，當我一接近時，婆婆練的功夫又變成了慢慢的太極拳，難道是我看錯了嗎？沒多久，婆婆又跟往常一樣的收拾東西離開了。

雖然之後我沒再那麼早來練拳，婆婆也一如往常一樣的在我來之後就收功離開，只是在我心中仍然存在著那天清晨眼前所見的疑惑，於是往後只要我起得夠早，我一定坐五點半的火車來探索未知的真相。當然最重要的是要保持距離，我想婆婆不喜歡別人看她練功吧！因為有時候我也討厭別人看自己練功，會覺得自己像動物園的猴子。結果在我這樣鍥而不捨的觀察了幾次之後，我深深覺得平常的婆婆可真是深藏不露啊！平時動作緩慢的身影，跟眼前這位俐落的耍著雙鎗、九節鞭、流星鎚……等等難度極高的兵器高手，真的很難聯想起來。也因為見識到了婆婆的真功夫，讓我下定決心要向婆婆學習，而第一步，就是要拉近我跟婆婆的距離。

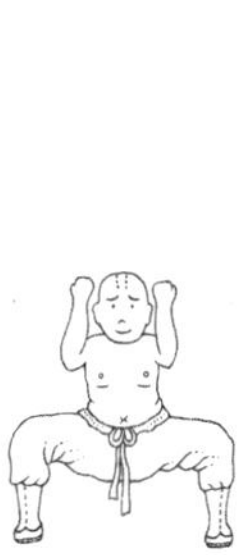

退回初立之位
志氣昂然而立

## 【第五回】禮貌話家常，傳襲真功夫

人與人之間要拉近距離的方法有很多種，最重要的便是尊重與誠意。尊重和禮貌是必須的，誠意則是靠一點一滴累積的，除了增加我練功的頻率之外，我也試著了解婆婆練功的習慣，從一開始的禮貌性問好到後來的閒話家常，慢慢的我和婆婆成了忘年之交的朋友，閒聊之中得知婆婆住在淡水，但從二十幾年前開始，每天一早便從淡水開車到公園裡來練拳，因為她也覺得這裡是個好環境。

和婆婆之間的距離拉近之後，婆婆也不再忌諱在我面前練功，能夠在如此近的距離中看到平日只能在電影裡才見得到的真功夫，對當時的我來說可說是一個不小的震撼！尤其是一個年近七旬的老太太，竟能有這般的身手。就這樣自己練功也看著婆婆練功經過了有一段時間，我鼓起了勇氣向

婆婆提出拜師的請求，沒想到卻讓婆婆一句話給打了回來「我從來不收徒弟」，我想我的努力還不夠吧！正當我因失望而感到沮喪時，婆婆又開口了「我不收徒弟，不過教你一些東西倒是可以，只是你可真的要認真學啊」。由於婆婆堅持不能叫她師父，我只好跟著其他長輩叫婆婆「師姐」，一開始總覺得長幼不分，但時間久了，婆婆也覺得叫師姐比較親切，慢慢的大家也就習慣了。

從跟著「師姐」練功的那一天起，我開始有了不同的感受，從小到大我練功的重點向來是著重在力氣，不過在這裡卻開始注重技巧的運用，師姐常說，人的力量有限，透過武術的技巧及練習，可以學習控制有限的力量來發揮最大的效果。當時的我還不懂師姐所要傳達的意思，但讓我感受最深的，是在同樣的練功時間裡，逐漸感覺到能練的動作變多了，體力好像也有變好了。然而受益最多的，便是從師姐那裡學到的內功（俗稱氣功），也就是在學習內功的同時我才恍然大悟，原來我從前看到師姐所打的慢慢的功夫並不是太極拳，而是境界極高的內功調息法，我想這種情形就是所謂的盲點吧！世上很多東西是看不見的，但並不代表他們不存在，唯有認真努力和用心體會，才有機會一窺箇中奧妙。

跟著師姐練功有好長一段時間，從高中練到大學也過了幾年的光景，期間也有不少機會得遇武術界中的「名師」及「大師」。只是從來沒有能像師姐這樣，願意毫無保留地傳授我畢生的功夫，因此雖然無緣成為師姐的徒弟，但我早已把師姐視為引我入門的恩師。當然我也把師姐當作是我練武的目標，希望有朝一日能從師姐身上學到十八般武藝之外，也期許自己能有師姐無私傳承的胸襟。

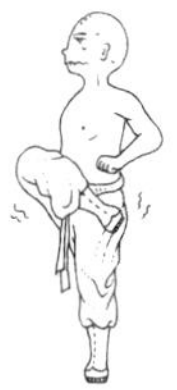

【第六回】

## 書香門第中，習武求生存

師姐出生在中國的東北，由於母親是滿族的旗人，因此在清朝統治下的中國，其母親娘家世代都有親人在朝中為官，外祖父甚至是官居一品的御史言官，因此可算得上是家世顯赫，只可惜其外祖父為官之時已是清朝末年，到師姐出生時，早已改朝換代了。

師姐年幼的時候，中國正處於一個戰亂的年代，但由於家學淵源，師姐從小飽讀詩書，但和一般的小孩不同的，是在讀書之餘，其父母更是費盡心思的為她尋訪國內的功夫高手，訓練出師姐一身紮實的功夫底子，其理由很簡單，只希望能夠在這個戰亂的時代中，多一些生存下去的機會。

國民政府手中的中國終究是淪陷了，師姐跟著家人一路顛沛流離的來到了台灣，能夠在戰亂之中帶來台灣的除了家鄉的回憶，就是一身紮實的武功底子了，原本以為沒機會再找到功夫高強的師父來指導，沒想到在其父母的努力之下，除了讓師姐在台灣能繼續求學之外，也聘請了一位同是撤退來台的老師父，繼續指導師姐練武，也因為師姐紮實的武功底子，讓她得以在求學的過程中參與各項和武術相關的比賽，並屢獲佳績。

時間拉回到五十年後的公園，師姐正在指導著我招式的運用還有手勢時，突然有感而發回憶起從前的種種，對著似懂非懂的我說出了我不知道的歷史。說完之後，在我眼中的師姐突然有種歷盡滄桑的感覺，師姐緩緩的對我說：「只可惜我現在年紀大了，有很多動作我並沒有辦法做得很標準，有些東西光用說的永遠說不清楚，從前我眾多的師父之中，其中出身少林寺的一位師父功夫相當了得，若是將來有機會，你應該去少林寺看看他們是不是有留下當年的功夫，好好看看別人是怎麼教的。」當時的我心裡只想著，我能跟在師姐身邊練功就已經很滿足了，況且師姐的武功應該夠我練上一輩子了，因此也沒太在意師姐語重心長的這番話。只是這些話彷彿就像是師姐撒下的種子一般，就這麼種在我的心裡了。雖然師姐日後

並沒有再提起這樣的想法，但每當練功遇到瓶頸之時，我腦海裡總會閃過「少林寺」這三個字。不過對於身為窮學生的我，在當時也就只能想想而已，從沒想過在幾年之後，師姐當年種下的種子竟會有萌芽的一天。

## 【第七回】驪歌聲響起，隱疾受煎熬

大學畢業的那一年，由於學業繁忙和面臨就業的壓力，再加上師姐從前摔傷的舊疾復發，因此我已難得再有時間像從前一樣能自在的到公園練功。原本期待能像其他同學一樣，畢業之後便盡國民義務的當兵去，順便在當兵的兩年時光中好好的思考未來的目標，最重要的是希望服役的訓練能讓我的體能達到另一個巔峰。只可惜事與願違，由於我先天單耳聽力異常，因此在高中報考軍校之後的體檢便無法通過，更不用說大學畢業之後期待已久的兵役了。

說到聽力的問題，也不曉得是從什麼時候就開始有一隻耳朵是聽不見的，更確切的說法應該是我從來沒有過雙耳同時有聽力的記憶。只知道上小學的時候家人發現了這個問題，帶我四處看遍各大醫院的耳鼻喉科名

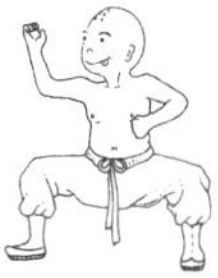

醫，得到的結論卻是令人難以接受「一切構造正常，唯無法檢驗聽力受損原因，因此判定聽力異常」，就這麼一個聽力異常，讓我在後來的兵役體檢中飽受煎熬，因為我堅信自己從小到大這麼多年來，早已適應生活且和常人無異，但體檢報告卻是不明原因聽力異常，甚至一度懷疑我是精神狀況出問題，折騰了好幾次複檢，終於還是被判了一個不能服役的丙等體位。這個結果對當時的我來說，不啻為一個沉重的打擊，在同學羨慕的眼光背後，我總是要一再的解釋「聽力異常」的事實，但大家總認為在我健康正常的外表下，一定藏有不可告人的「隱疾」。

因為不能服兵役，因此畢業之後馬上就要面臨就業問題，能分享討論的朋友們一個個都當了兵，在求職過程中四處遭遇挫折的我腦海中始終有個影像揮之不去，就是師姐帶著我練功的身影跟那大大的三個字——「少林寺」。我想有一部分的心情是為了想要彌補不能當兵的遺憾，這也說明了我為何求職會如此不順利，因為我的心思根本不在工作上，不過雖然有實現夢想的動力，但依舊要面對現實的生活，畢竟眼下已面臨到就業的困境，而「少林寺」確是連邊際都摸不著的。念頭一轉，何不先穩定生活再尋求未來的方向，因此當大家認真追求業績的成長和努力爭取未來的升遷時，我的目標卻是那遠在天際，連路都不知道在哪裡的「少林寺」。

【第八回】

# 培訓基地苦，夢想奠根基

清晨四點半，腦海中依稀聽到師兄催促的聲音：「延勝，趕緊起床準備練功！要是耽誤了集合時間，今天又得開棍啦！」本來還想再耍賴個幾分鐘，畢竟外面可正是寒風刺骨的天氣啊！不過一聽到「開棍」二字，就算心裡有千百個不願意，還是像被電到一般的迅速跳起，熟練的換上練功服，正準備到練功場集合時，卻是怎麼也找不到往練功場那條再熟悉不過的路。驀然回神，才發現換好練功服的我，正身處在台北的家中，抬頭望了牆上的時鐘一眼，正是清晨四點半。

把時間推回到四年前，那年剛滿二十四歲的我在幾經波折後，懷抱著自幼習武的理想，從台灣來到河南登封，一腳踏入了少林寺武僧團的培訓基地，開始了我此生不同的經歷與思維，也從這裡連結了我與少林寺的緣分。

※ ※ ※

由於這次搭機來到鄭州算是我第一次離開台灣，在香港轉機之前都是靠著幾位在機場認識的台商朋友們幫忙，帶著我辦好每一道出關的手續，雖然緊張，但還不至於害怕。不過從香港起飛之後，就只剩我一個人要到鄭州了，再加上飛機上的乘客幾乎全是鄭州的老鄉，濃濃的河南口音讓我很難切入他們的話題，只好默默禱告出關的時候能像在台灣一樣順順利利。

下飛機之後，正當我暗自慶幸順利出關的同時，狀況還是發生了，而且發生得令我不知所措，我的托運行李不見了，當下的我急得像是在高速公路上逆向行駛一樣，除了擔心我辛苦準備的生活必需品沒了之外，其實我腦海中還閃過了另一個畫面，就是今天早上父母含著眼淚在機場跟我送別，沒想到晚上我竟然就能回去和他們一起吃晚餐，而原因就是我搞丟了行李，接下來我要面對的，就是被認識我的人嘲笑一輩子。

我可不能讓夢想毀在這樣一個烏龍的事件上，於是我鼓足了勇氣，向機場的公安大哥報告了這十萬火急的狀況，令人意外的，公安大哥的態度居然十分的親切，跟在電影裡看到的都不一樣，而且他可能感受到了我緊張的情緒，一邊聯絡還一邊安慰我說：「小兄弟，別急，如果有緣，你的行李一定會回來的」，我知道他是在安慰我，只是這話聽在我的耳朵裡，總感覺我不是弄丟了行李，而是在等待一個因戰亂而失散的親人。

時間一分一秒的過去了，我一面感嘆與我的行李應該是「無緣」的同時，心裡面大概閃過了幾百種我接下來的悲慘命運，終於在兩個小時之後，一位看起來比我還著急的老爺爺慌張的跑進了機場的辦公室，說他行李中放著老伴的遺照被人換成水壺了，我說爺爺啊，不是我拿水壺換您老伴的遺照啊！是您把我的行李整個拿走啦！就這樣我終於找回了我失散多時的行李，爺爺也尋回了老伴的遺照！雖然算是圓滿收場，不過可苦了在機場外等著接我的高師父。高師父是武僧團培訓基地辦理報到的工作人員，簡單的向他自我介紹並確認身分之後，便上了高師父的車，直奔基地的辦公室——嵩山少林寺。

※ ※ ※

從鄭州機場到少林寺的車程一共開了將近三個小時（當時的高速公路尚未通車，現在高速公路的路程僅需一個多小時），路上所見到的一切對我來說都是新鮮的，農田、行人、路樹、家畜……甚至是交通號誌，無一不吸引著我好奇的目光，只可惜為了要讓高師父專心開車，我不敢和高師父請教太多問題，因為一路上的欣賞風景，所以並沒有感覺到路途的遙遠，只記得最後車子在少林寺的山下停了下來，高師父向我說明時候晚了，要我先在山下的旅館睡一晚，待明天一早入少林寺辦理報到的手續。可想而知，當晚的我雖然經歷了一天的舟車勞頓，拖著疲憊的身軀，卻仍掩蓋不住內心的興奮，懷著滿心的期待入睡。

第二天一早天還沒全亮，高師父即來催促我準備啟程，就在天還濛濛亮的時候，我終於來到了少林寺，少林寺給我的第一眼印象並沒有金庸筆下的神祕莫測，也不像是電影中描述的那樣氣勢輝煌，在第一次踏入少林寺

時，反而是一股不知所云的熟悉感，或許是之前花了許多時間及精神在研究少林寺的資料時，早已將少林寺的景象深深的刻畫在心中的緣故。循著不甚清楚的記憶軌跡，我一路進到了錘譜堂裡，看著各式各樣的錘譜練功塑像，不知不覺看得出神，差點忘了我是來報到的，填妥資料後，我還想繼續參觀少林寺的其他建築，順便看看將來練功的環境，卻被高師父給抓了上車。他感覺到我的疑惑，丟了一句「以後有的是機會看」，接著我們便在清晨時分往山下駛去了。

原本我以為從今天起就要換上僧服，像小說電影中的敘述一般開始挑水練功的生活，如今這個想法卻隨著我離開少林寺之後漸行漸遠，直到高師父向我說明，要入少林寺的武僧團，必須先要在基地接受訓練，待通過訓練並獲得認可的時候才有機會進入武僧團，我才慢慢的由幻想中拉回了現實的世界。沒錯，從今天起，我將成為武僧團訓練基地的一員，努力的學習吧！

## 【第九回】孤身住登封，生活大不同

初見到培訓基地，就像我之前在台灣蒐集到的資訊一般，就像是一間普通的學校，簡單的校舍前是一個偌大的廣場。只是在台灣，你會見到學生在廣場上跑步、打球，然而在這個廣場上，跑步成了站樁，籃球則是換成了各式的兵器。每個人都十分專注於自己所練的功夫上，一邊看著這樣的景象，一邊心裡多了幾分異常的感覺，我想是被眼前的景象感染上莫名的肅殺之氣吧！

高師父向基地內的管事人員簡單的說明我的來歷就離開了，接著我便給基地的指導教練領到了宿舍安頓。我分配到宿舍大概有六、七坪左右的大小，指導教練向我說明上頭有交代要給我安排一個大一些的房間，這樣我比較容易適應，心想還不錯，的確是比我在台北的房間還大一些，只是裡

面的佈置是通鋪式的上下層床板，感覺還挺簡陋的。算了，反正我是來練功的，嚴苛一點的環境應該對我比較有幫助。當我在思考該如何布置我未來的宿舍時，指導教練又開口了：「靠門的位置是留給你的，這樣你進出比較方便！趕快把東西都安置好吧。」聽完這番話後我心頭一震：「咦？怎麼不是我一個人住一間啊？」我看了指導教練一眼，他用一種略帶疑惑的眼神對我說：「你們台灣人挺有趣的，一個人住多無聊，當然是和師兄弟一起才有意思嘛！雖然你們這個房間的人少了點，只有二十幾個，不過你一定會喜歡他們的。」不是我聽錯了吧，二十幾個人住一間房啊？我想我終於明白這連在一起的上下層通鋪設計的用意了！

好不容易說服了自己接受這所謂「大一點的房間」的安排，也喬出了一個屬於自己的「床位」，但我卻怎麼都很難相信，在接下來的歲月裡，我要和二十幾個人擠在這樣狹小的空間裡，尤其對於晚上睡相極差的我（我從小睡覺就不安分，總要翻來覆去好多次，因此我很小就開始睡雙人床，有足夠的空間讓我活動），我向指導教練說明我的狀況，希望能為自己爭取到大一點的睡眠空間，指導教練聽完我的請求後，帶著一絲令我覺得詭異的微笑對著我說：「這點你儘管放心，我肯定你在這裡不會有問題，我們這裡專治這毛病！」，雖然我完全不懂他的意思，或許是在敷衍我吧，只知道我的希望落了空，還是認命吧！

※　※　※

經過了一個下午的時光，一個人面對空蕩蕩的宿舍房間，我開始幻想著每一個不同床位上睡的是什麼樣子的人，到底來這裡能夠讓他們學到如何高深的功夫，是不是就像武俠小說裡面的高手一般身懷絕技呢？而就在我陷入自己幻想的此刻，我的「同學」們，正在練功場上接受嚴格的訓練，當時的我如果知道現在這一段時間，是我進入訓練基地最後自由的時光，我想我會好好珍惜，而不是像個呆子一樣的發呆和幻想。

晚餐時間一到，在練功場的同學們紛紛回到寢室準備餐具，當然這也是我和大家的第一次見面。很顯然的，他們對我的到來並沒有太大的意外，應該說甚至有些冷漠，只見他們匆匆拿了餐具便急急忙忙的離開了寢室，不過還是隱約可以感覺到每個人打量我的眼角餘光，正當我有些不知

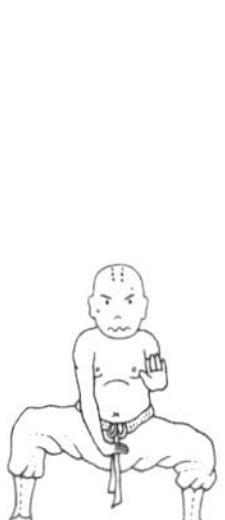

所措時，突然傳來一陣聲音：「欸，新來的，這個寢室是歸我管的，從今天起你就跟著我！要記住，在基地裡一切都照規矩來，在你還不懂規矩前，我做什麼你就同我做什麼！現在先把缸子帶著，一起打飯去。」跟我說話的是我在基地認識的第一個朋友——高晨，湖南人，雖然只有十七歲的年紀，卻有著異於常人的老成穩重，我想這應該也是他能成為寢室領導的特色吧！而在我日後適應的生活中，他也扮演了一個非常重要的角色。

在短短的晚餐時間中，高晨也一一為我介紹和我們同在一班訓練的同學們，除了我們寢室之外，還有另兩個寢室分別有二十五人。高晨還跟我說，原本我們寢室也是有二十五個人，只是其中三個在訓練過程中發生了一些狀況，所以不在了，由於同學太多了，就簡單介紹幾個我比較熟悉的。晏丞，跟高晨是湖南老鄉，不過個性內向多了，臉上總是帶著靦腆的微笑，是在農村長大的孩子；張宮良，東北黑龍江人，有著東北漢子的高大身材，不過卻沒有東北漢子的大嗓門，反而是輕聲細語的和外表完全不協調，在這裡，我們管他叫小東北；劉德成，廣西人，我對他印象最深刻的，是我一直以為他和我一樣是一個愛狗的人，因為他總是問我在台灣大家都喜歡什麼狗，後來我才知道他愛狗的方式有些和我不同，因為在我們眼中的寵物，是他們家鄉美味的食物；王皓，新疆人，從他家裡來到河南的登封，足足得花上十二天的車程，真令人難以想像，那是何等遙遠的地方！不過他也說，從他家走到俄羅斯只要半個小時的路程，因此在他們家鄉只要有機會，他一天可以「出國玩好幾次」。但從他淡藍色的眼睛裡，似乎有股思鄉的哀愁；呂清華，內蒙古人，來自王昭君墓所在的呼和浩特，明明長得就像是電視裡的蒙古摔跤選手，偏偏堅持自己是世居塞外的「漢」民族；曾敬，山東人，是個熱心的大好人，只是在和他相處的這段時間裡，始終無法明白他含著滷蛋的山東腔所要表達的意思。

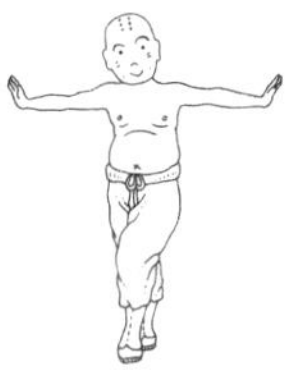

此是落地生根之勢
以氣貫丹田為主
方能使骨節靈通也

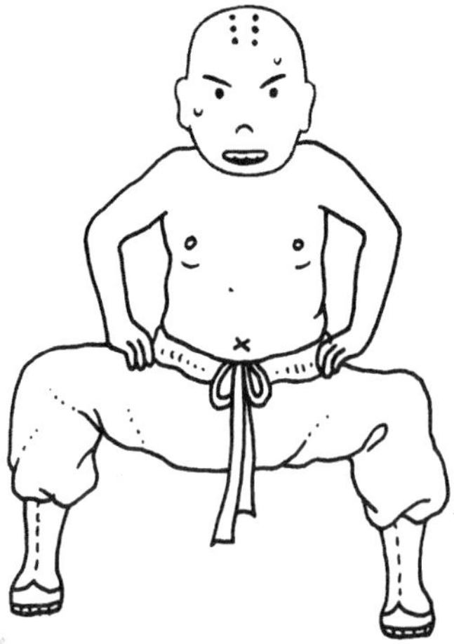

【第十回】

# 民以食為天，吃飯亦功夫

說到吃飯，就要先從用具開始說起，筷子和湯匙是沒什麼特別的，比較不一樣的，是我們不用一般的餐盤或是碗，取而代之的是兩個鐵缸子，有點類似軍中的鋼杯，不過要大得多，把飯裝滿一缸子大概就是在台灣四碗飯的分量，一個缸子用來盛飯菜，另一個則是盛小米粥或湯，另外還可以領到四至八顆饃（就是饅頭，大概是拳頭大小），這樣的分量在台灣大概要吃上一天吧！不過卻是我在訓練基地的一餐，說實在的，在沒開始練功的第一餐，別說小米粥跟饅頭了，我連半缸子飯菜都吃不完，但在開始長時間的練功之後，我就明白了。在初期的訓練過程中，每天實際練功的時間至少都在十個小時以上，期間所消耗的體力及熱量是沒練功時的好幾倍，也難怪大家吃飯的狀況會像餓死鬼投胎一般，而且在這裡，永遠都不需要擔心肥胖的問題，這大概是唯一令人羨慕的吧！

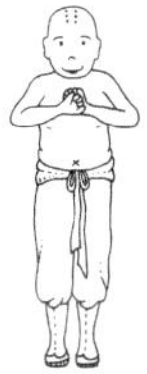

至於菜色內容，不需要花太多時間敘述，因為每天都是一樣的東西，如果有變化，大概也只是有記得把蘿蔔削皮或是忘了削皮的差別吧，味道嘛，只能說酸、鹹、辣等的重口味。對於餐飲管理科班出身、遍嚐台灣美食的我來說，把菜煮成這樣實在已經算是泯滅人性。沒想到更慘絕人寰的，是常常在用餐的時候吃得滿嘴沙子，一來是基地沒有所謂的餐廳，更不用說有餐桌椅了，吃飯是露天蹲在地上吃的，在河南本來風沙就大，更不時會有蒙古沙漠吹來的沙塵暴，因此在這樣惡劣的環境下吃飯，對我來說還真是一項難以忍受的折磨。不過在訓練基地卻有另一種說法，要大家蹲著吃飯，是利用吃飯的時間同時訓練下盤的功力，這我也只能勉強催眠自己相信，而吃飯吃得滿嘴砂石則是要強化牙齒的硬度，這我就無法接受了，不過為了填飽肚子補充體力，為了生存，當然最重要的是，服從及忍耐就是學習規矩的開始。

附帶一提，同時在基地接受訓練的人數大約是二千人左右，每到用餐時間只開放四個窗口讓大家排隊打飯菜，如何讓自己能夠用最短的時間，且在不破壞規矩的情形下，順利的吃到每天的三餐，我不得不承認，這真的需要功夫和技巧，只是這門功夫是沒人教的，完全是在每天三次用餐時間中的實戰經驗累積而來。

【第十一回】

# 一夜寧靜眠，分派初學組

清晨四點半起床號響起，由於前晚略帶著一絲的興奮，加上尚未開始正式的操練，因此很快的我就完全清醒了，看看身旁的同學們，臉上雖都還掛著睡意，但卻也熟練的著裝盥洗，明明一分鐘前還是個寧靜的夜晚，一分鐘後卻已是人聲鼎沸了。仔細看了一下，真的沒人敢賴床，不到五點鐘，我已經和兩千多人整齊的在基地的廣場集合了。等著迎接我們的，是十公里的耐力訓練，對我而言，長跑是早就已經適應的，不過真正的考驗是寒風陣陣的攝氏三度，因為就在昨天，我生平頭一次剃了個大光頭，而就在此時此刻，我徹底的明白了頭髮對人體的重要性。

用完早餐之後，便要開始正式的進入武術的操練了，在那之前，由於我是新來報到的，指導教練需要了解我的武術根基好幫我依照程度來分配組別，我心裡盤算著一定要好好的展現所學，讓大家一開始就對我刮目相看，最重要的是，絕對不能丟台灣人的臉，懷著滿滿的自信，我賣力的將我在台灣習武十多年的功夫一一表演。沒想到我的看家本領都尚未使出時，只聽到指導教練大聲的對全部的人說，把他帶到沒學過的那一組去！是我聽錯了吧！再怎麼樣也不應該是「沒學過」啊！懷著滿腦的疑惑跟失落的心情，我來到了初學者的這一組，從握拳開始學習，不過很快的，我開始慶幸我被分到初學的組別，因為在這邊學習的東西雖然看似簡單，但卻是有許多細節是從前我的師父們不曾教過的，然而這些細節卻是將來功夫訓練能否突破瓶頸的關鍵。就舉握拳這個例子來說，從前的師父只有告訴我要把拳頭握緊，而在這裡，則是教會你每一根手指該如何擺在最正確的位置上，讓拳頭發揮最大的力量，同時也能產生最佳的防護效果，這些繁瑣的細節是我從前沒機會學到的，而且是來自實戰之中經驗的累積。當然還有另外一點讓我慶幸，當比我們高階的組別因為表現不佳正在接受處罰的同時，我們卻能憑著初學者的身分躲過一劫，只不過這短暫的幸福只持續了一個禮拜。

雖然不會因為表現不好被處罰，但一整個上午的訓練量也確實讓人感到無比的沉重，一般人大概沒辦法了解緊握拳頭不斷的練習衝拳上千次的感覺，我想這個感覺，應該就像提著裝滿水的水桶沿著樓梯爬上一〇一大樓吧！

對各式的手法包含拳、掌、勾、爪……等有了初步的了解，接下來便是要進行步法的訓練。事實上，經過了幾天以來的手法訓練，的確是加強了手臂及拳掌的速度和力量，但相對的，每日超量的訓練也讓我的肌肉瀕臨瓦解的邊緣。最明顯的，就是吃飯的時候連要把筷子拿穩都顯得相當費力，更貼切的說法是很難使得上力，因此我還挺期待能藉由下盤的訓練來減輕手臂的負擔。

果然如我所願，接下來的訓練幾乎不需要動用到手臂，手臂的肌肉因此獲得喘息和復元的機會。不過另一項殘酷的事實也逐步逼近。先拿馬步來說吧，我必須承認，在基地學習到的馬步確實有比以前來的紮實多了，但相對的，體力的消耗也明顯來得變大。最可怕的是訓練的時間沒有上限，

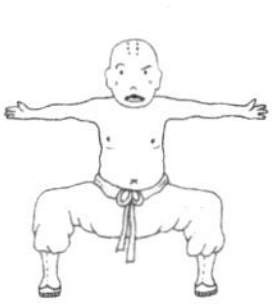

就在我體力負荷接近極限時，我忍不住抬頭問了指導教練（照規矩在訓練過程中是不可以說話的）何時才能夠停止，結果得到的答案竟是：「既然還有力氣說話，就撐到吃飯吧！」，我的天啊！真後悔自己的多嘴，離吃飯時間還有一個多小時啊！當然，我並沒有撐到這樣長的時間，而且就在問完問題不到五分鐘的時間，我獲得了休息的機會，原因就是我的雙腿不爭氣的倒下了，這時我才發現，在這一階段的訓練過程中，除了馬步，我並沒有進行其他的訓練，從頭到尾移動也沒離開超過一公尺的距離，幾乎是一直處在一個靜止的狀態，但是我的衣服卻從裡到外的全被汗水浸濕了。原來就這麼一個馬步，耗盡了我的體力，如果讓想要減肥的人來蹲馬步的話，我想效果一定會非常好的。然而，現實的環境並不允許我陷入太久的幻想，看著其他同學仍咬著牙苦撐，我又重新再度加入磨難的行列，繼續完成剩下的訓練，而時間就在無數次的軟腳及倒下中結束。

練習的過程是辛苦的，訓練的程度也是逐漸增加的，每天都讓我有不同的體會，而且都是瀕臨極限的體會。我從這一刻起開始學會催眠自己和說服自己，我現在所承受的一切都是我多年來的夢想與企盼，我一定要努力撐下去，而且我並不想讓別人覺得我是吃飽太閒，千里迢迢的來自討苦吃，雖然這也是事實，但我也只能甘之如飴，畢竟現在能支持我的，就是這樣的信念！

由上形向前
將兩手出直
然後變為一字形
使勁胸開張
氣走手心也

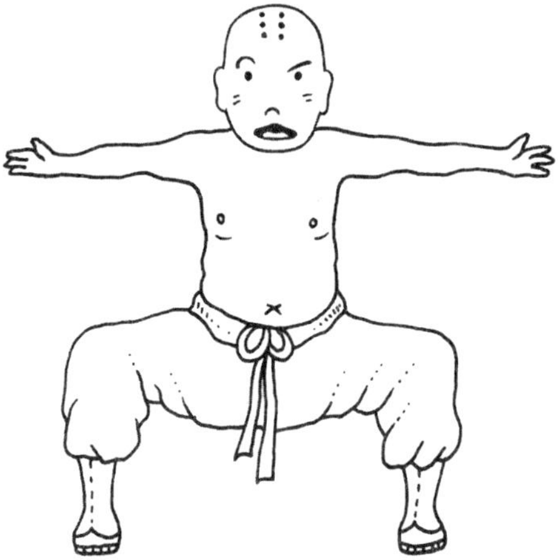

## 【第十三回】 連日耗氣力，改練柔軟功

經歷了這幾天以來的連續震撼教育之後，我開始有點懷疑我們寢室裡那空掉的三個床位，到底之前的同學究竟是什麼樣的原因而「不在了」呢？下一個「不在了」的人有沒有可能是我啊？唉……還是回到現實吧！今天指導教練告訴我們，因為連日來的操練已經耗盡了我們的力氣，因此從今天起每天會安排三個小時不花力氣的訓練，好讓我們能夠調整一下身體的狀況。聽到這裡，雖然只是平淡的例行交代幾句話，可是卻讓我心裡有股莫名的感動，在這個我原本以為嚴苛不通人情的環境裡，總算感受到一絲人性溫暖的光輝。看看四周的同學們，似乎也是聽了這一席話之後而感動了，每個人都好像有些熱淚盈眶，甚至讓我覺得感動過頭而顯得有些悲傷了。

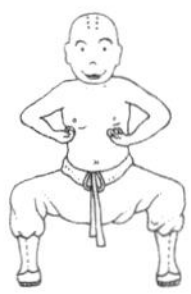

在開始不花力氣的訓練之前，我們被分成了三個人為一組的小隊，而這個所謂不花力氣的訓練，有個正式的名稱叫做「柔軟功」，有點類似我之前所練的拉筋。我對自己的柔軟度是有自信的，因為從小就開始拉筋，雖然還不能完全劈腿，但也差不了太多，只是令人納悶的，是練柔軟度向來是各人拉各人的筋，怎麼會把三個人分在一起練呢？

謎底揭曉了，三個人裡面有一個負責固定，另一個負責拉筋，至於第三個人就是要負責被固定和被拉筋。很不幸的，我就是那第三個人，附帶一提，從前我在練拉筋的時候會依照自己的忍受度而調整拉筋的角度，再逐漸提高自己所能承受的程度。但是，此刻在我身邊的同學並無法得知我的感受，他們只知道在指導教練的一聲令下，就要把我的腿往不可能打開的方向猛拉，把身體往後反折過去，以及所有在正常人體上所無法達到的角度及動作，就在這時候我終於明白「不花力氣」的涵義（不用自己花力氣），以及剛剛熱淚盈眶的同學們心中的悲傷。由於身體是被固定住的，沒有空間能夠讓你掙扎及脫逃，唯一能做的，就是在達到個人極限之後的痛苦及慘叫。

一時之間，練功場上可謂是哀鴻遍野，人間地獄也莫過於此吧！這樣的慘烈的情況持續了三個小時，期間我無數次感受到五馬分屍的錯覺，甚至一度放棄求生意志，只求能早點從這個可怕的訓練中求得解脫，不過終究是撐過了這度秒如年的漫長時間。我已不記得我是怎麼離開練功場了，我只知道在接下來的日子裡，每隔兩三天就會來一次這令人發自內心感動而熱淚盈眶的訓練，而且有好一段時間我無法感受到腳踏實地的人生意義（無法感受到雙腿屬於自己）。不過有一點是值得一提的，那就是我徹底改掉了睡覺時翻來覆去的難看睡相，因為身上僅存的力量大概都花在慘叫上了吧！

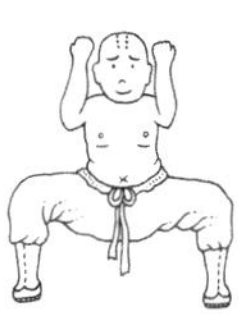

【第十四回】

# 體能逾極限，三千下不多

在日復一日的要求挑戰自我極限的嚴格訓練之下，我終於明白到人體的脆弱，原來我一向引以自豪的體能竟是如此的不堪一擊；先是從手開始，第一次明白「舉箸提筆，諸多不便」的形容竟是如此貼切，別說拿東西了，就連要把手伸直都要花上一番功夫。都到了這樣的情況了，如果還叫你繼續練拳也實在是說不過去，事實上也做不到，但每天都有規定的訓練量，無法達成是交代不過去的，於是在基地裡有個不成文的規定，好比說今天的訓練必須是在三個小時內左右手各打一千次的基本手形，不過我的右手已經無法使力了，那就把右手的訓練量加到還能用的左手上吧！說起來好像很合理，但做起來可就要人命，因為那等於是一時之間讓左手承受兩倍的訓練量，所以當我今天早上發現有一隻手已經出現不堪負荷的狀況時，經過一天訓練到了晚上的時候，我肯定會成為一個雙手殘廢的傷殘人士。

如果這時候你天真的以為，是不是可以請個假讓自己好好的休息，等到傷勢恢復了再繼續訓練，那就大錯特錯了，「手不能動就別練手了，腳還能踢吧！練腳好了。」指導教練總是會充滿關懷的這麼對我說，接下來就會看到一個身體不協調的人費勁的開始練著各式的腿法，至於手的訓練量呢？沒錯！當然還是要加到腳上來的，因此如果沒有意外的話，在雙手殘廢之後的隔天肯定再加上雙腳不良於行，既然手腳皆廢，總該讓人休息了吧！「腰還能轉吧！一邊涮腰去，再加上仰臥起坐，今天別練太多，各三千下行了。」指導教練加了些憐憫的語氣對我說，不是我聽錯了吧！我可是一個四肢半殘的傷患啊！再說什麼「各三千下行了」，不是要我的命嗎？於是我鼓起勇氣向指導教練表達，說明以我現在的狀況很難達到他的要求，我的努力總算是得到了善意的回應「那也行，晚餐前做完就可以了」，雖然還是沒辦法休息，但總算是多幾個小時苟延殘喘，還是盡力完成吧！

一天的時間終於還是結束了，至於我有沒有達成目標呢？我只記得涮腰完之後的仰臥起坐做到第六四五下之後，接下來的每一次起身都會伴隨著

腹肌抽筋而帶來的全身痙攣。因此，我有好長一段時間是在努力的把身體拉直和不由自主的蜷曲中度過，那樣子的痛苦經驗還真是讓我記憶猶新。

小時候學校老師總說我不安分，老是像蟲一樣的扭來扭去，直到今天我才明白，要當蟲也是很不容易的！

## 【第十五回】同儕練功勤，砥礪不服輸

我想可能會有人覺得奇怪，到底是什麼樣的力量能夠讓我心甘情願的接受這些近乎苛求的安排？我只能說，其實就我的身心狀況來看，我早就已經放棄過好多次了，只是每當我想起曾經在練功場上所見到的景象，總是會激起我無限的潛力咬牙撐下去。

還記得開始接受基本功訓練的前幾天，我已開始感到吃不消而興起退縮的念頭，因此在練功時總是在想著如何給自己一個好的藉口離開去摸魚，正當我努力思考的時候，卻看到了一個不協調的畫面，那是一個手上打著石膏的同學，正努力的把腳掛在矮牆上練壓腿，看著他吃力的扶著牆壁，一邊使盡力氣的用還剩下的一支手把身體用力的往下壓，從他的表情上不難看出他的痛苦，尤其我的手從前也斷過，因此特別能體會到那種椎心之

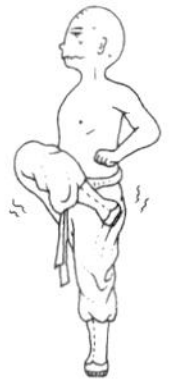

痛。看著他這樣忍受痛苦與不便，依然在烈日下要求自己練功，不禁讓我為之動容，是什麼樣的力量讓他能夠忍受外在的痛楚，有什麼樣的理想與目標值得一個人用生命去付出？看著他每一次的動作都像是在超越自我的挑戰，回過頭來想想自己，居然還有閒功夫在這裡動歪腦筋的想偷懶，實在是辜負自己當初千里迢迢遠道而來的期待啊！從那一刻開始，我告訴自己，就是要讓自己擁有這樣「打斷手骨要更勇」的精神，好好的向那位同學看齊。

有了這樣的激勵之後，在我心中產生了更堅強的信心，說實在的，除了被這樣的精神感動之外，另外就是發自我內心不願服輸的個性。我總覺得該向大家證明一些什麼，大老遠跑來這裡難道只是為了虐待自己而已嗎？應該有更崇高的目標值得我去追求，或許是連日來的不適應讓我暫時迷失了方向，加上超量訓練讓身體的痛苦影響我思緒跟著錯亂，不過一切都在看到了這個畫面之後回到正軌。仔細想想，我的手雖然伸不直，但並沒有斷，我的腳雖然不良於行，但並沒有瘸，我的身體雖然疲憊不堪，但我依然相信人的無限潛力，我不能把時間全部浪費在等待身體的復原，而是應該把握每一次訓練的機會去突破遭遇的瓶頸，在往後的日子裡雖然還是狀況不斷，但這個曾經撼動過我內心的畫面，確實讓我撐過了好長的一段時光。

初一字地盆
右手在上左手在下
名為五行八卦手

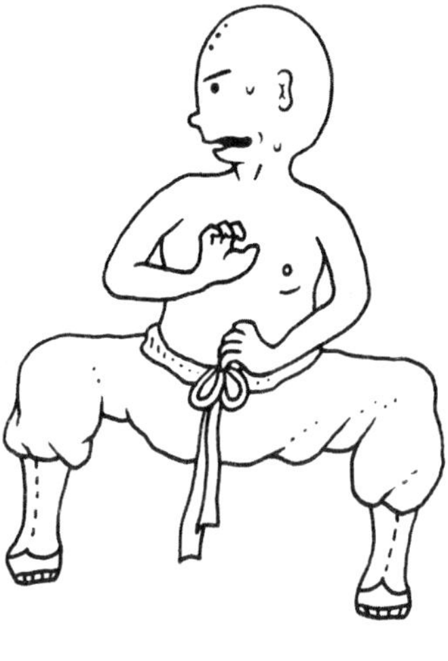

【第十六回】

# 生病打吊瓶，文化差異大

從來到武術基地開始訓練的那一天起，每一天的時間慢得就好像被凍結住一樣，雖然我知道日子一天天的在過，但每當遭遇到無法承受的痛苦時，時間彷彿就會又再度靜止了，離開台灣不到兩個月，好像已經和全世界隔絕了。或許是體力超量負荷帶來的壓力，也可能是思鄉情愫的心理影響，在這一段訓練的過程之中也許強化了我的耐力，但我卻感受不到身體健康的提升。相對的，我隱約感覺到的是體內有股力量在累積著，正等待著某個機會伺機而動。

我的疑惑並沒有持續太久，很快的便出現了無法預期的狀況，嚴重的上吐下瀉及整日的頭昏腦脹，身體完全使不出一絲的力氣，簡單來說就是生病了。要是在台灣出現了這樣的狀況肯定是立刻去看醫生，但此刻的我腦海中擔心的竟是該如何完成今天的訓練，畢竟連手斷了都不能休息，更何

況我看起來的狀況並不是太糟，不過出乎意料的是，當指導教練看到我的情況時，竟然二話不說的直接替我請了假，還囑付其他人安排我到市區的醫院看病，聽到這樣的安排，真是有點感動得說不出話來，總算能好好休息了。在去醫院的路上，雖然身體非常難受，我還是忍不住問了身邊的人怎麼教練會突然大發慈悲的放過我呢？我一直無法相信這得來不易的機會，但當他們向我說明之後，卻不由得冒了一身的冷汗，原本身體就虛再加上出汗，這下子意識更是開始有點不清醒了，他們告訴我，我現在的狀況就叫做水土不服，輕微的撐一下就過了，嚴重的可是會要人命的，因為之前有發生過，弄得公安還來調查，要大家寫了一堆的報告，所以現在只要有水土不服的狀況一律得趕緊送醫院，看來我現在的狀況肯定不是大家口中輕微的那一區塊，除了解釋了這得來不易的「休閒時光」之外，也讓我明白了教練臉上的惶恐與不安。

總算是到了醫院，與其說是醫院，倒不如說是一間像當舖的小診所來得貼切，也搞不懂問診的究竟是不是專業的醫師。我看著在我前面來看病的人，不管如何敘述身體症狀，得到的答案永遠就是一個「打吊瓶（點滴）」就可以了，終於輪到我了，我也懶得多說什麼。果不其然，和前一位牙痛的病患結果相同「打吊瓶」，彷彿點滴瓶裡裝的是仙丹妙藥能治百病。不過就在要開始的前一刻，我斷然的拒絕接受醫院為我安排的治療，撐著無力的身軀告訴大家我沒事了，堅持立刻回去訓練基地，大家對於我這個突發狀況一時之間都摸不著頭緒，我也始終沒有告訴大家為何會出現如此戲劇性的變化。這個祕密一直埋藏在我心裡沒有對人透露過，其實說穿了也就不過是為了一句話而已。

還記得那天我虛弱的躺在醫院的病床上等待點滴，突然有一個醫院的工作人員向我走來，手上拿著一枝和原子筆芯差不多粗細的針頭走到我床邊來，原本我已經咬著牙等他把針頭插進我的手臂血管了，沒想到他突然問了我一句：「你要自己洗還是我幫你洗」，我立刻下意識的反問「洗什麼」，他說：「洗針頭啊」，我彷彿瞬間被雷打到一般的跳起來。原來在這裡的點滴針頭是重複使用的，如果你嫌不乾淨可以自己動手洗，接下來我就在眾目睽睽的疑惑之下，非常堅持的離開了醫院，我無法去解釋什麼，因為在當下這已經不是醫療衛生的問題，勉強只能說是文化的差異吧！

【第十七回】

# 大病甫治癒，暫抑思鄉情

既然我不願意接受醫院的治療，身體的狀況又是每況愈下，水土不服的症狀幾乎已經到了吃什麼就吐什麼的程度，教練看這樣下去也不是辦法，聽從了過來人的建議，採用最原始的方式來幫助我適應。在他們的觀念裡，造成水土不服最直接的來源就是食物和水，只要斷絕食物和水應該就能止住我的上吐下瀉，這個方法還挺有效的，在接下來的三天，每一天就只給我一個饃（饅頭）和一小瓶水，很快的我就不再腹瀉和嘔吐（主要原因應該是實在也沒東西吐了）。症狀雖然獲得改善，但三天就只靠三個小饅頭的日子也是真難熬，不過幸好是慢慢的恢復了，原本以為是難得的休假，卻反而遭受了更多的折磨。經過了這次的折騰，由於身體尚未完全復原，因此教練特別免去了我早上的晨操和訓練，不過依然要接受下午「不費力」的柔軟功操練，不知是不是因為身體大病初癒造成感覺有些遲鈍，柔軟功的訓練痛苦，感覺上有比之前來得降低，大概是同學看我尚未痊癒，怕出意外得負責任而手下留情吧！

由於暫時不需參加早上的訓練，連日來累積的疲勞有機會獲得紓解，回想起這段時間一路走來，還真有些不敢相信自己是怎麼活著撐過來的，除了被種種壓力所激發出來的毅力之外，我想更貼切的說法應該叫奇蹟吧！這個用病危所換來的休息時光讓我格外珍惜，待在寢室的時候偶爾抬頭望向窗外，從來不曾感覺到原來遠處的山上竟也有著如此優美的景色，只可惜沒能離開基地去好好欣賞一番。這時候才猛然發現，原來不是只有執著會矇蔽自己的視線，壓抑也會讓人即使面對美景也會視而不見，此刻的我，還真有一種短暫重獲新生的感覺。

也許是突然減少了將近一半的訓練時間的關係，身體恢復的狀況遠比我想像來得快多了，不過也由於多了之前所不敢奢求的多餘時間，沉寂已久的思緒又開始運轉了起來，加上思鄉之情的催化，竟然讓我又產生了離去的念頭，每當閃過這個念頭的時候，我從一開始的鼓勵自己、激勵自己，

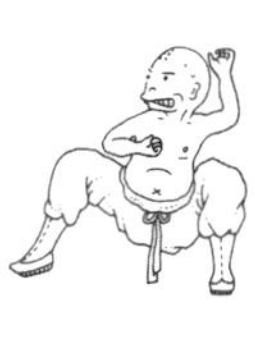

一直到說服自己的各種方法都試過了。到了現在，種種推託的藉口及理由也一一在心中反覆出現，只是每當一想到要跟指導教練開口，原本如泉湧般的思緒又會再度退回了腦海的深淵，我想應該還不到那個時候吧！只是這個念頭總是會不時的浮現，稱不上是煩惱，反而比較像是一種對外面世界的期待及渴望。

## 【第十八回】短暫休養期，乍遇意外事

一個人獨自面對多餘的時間的確令人容易胡思亂想，只是我還挺懷念這短暫的悠閒時光，尤其是今天早上在其他人準備集合練功前，指導教練特地前來探視我恢復的狀況，離開前交代我今天要把內務整理好，明天要開始恢復正常的操練了，雖然我心裡明白這才是我應該要面對的生活，只是在享受了幾天難得的休息之後，一時之間總覺得難以面對現實。不過這樣也好，因為再這麼繼續休息下去的話，那麼之前為了適應環境所吃足的苦頭恐怕就要白費了，最重要的是得趕緊斷了那不知從何時開始出現妄想逃跑的念頭。

收拾完畢之後，離吃飯還有一段時間，我想是應該熟悉一下基本功的感覺了，才開始練的起勁的時候，寢室門外的走廊突然傳來了一陣急促的腳

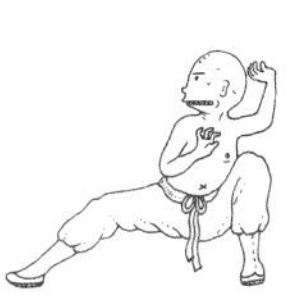

步聲，當下我心裡感到有些納悶，我聽到了隔壁寢室的開門聲，接下來的便是一陣翻箱倒櫃凌亂的聲響，難道發生了什麼緊急狀況嗎？顧不得衣服還沒穿上趕緊開了門衝到隔壁一看究竟，還沒來得及敲門，馬上和從房裡衝出來的人撞個正著，回過神來一看，不正是隔壁寢室的小毛嗎？小毛，本名劉定中，福建福州人，個子很小又很皮，就像個毛孩子，大家都管他叫小毛，比我晚來一個月左右，常常看到他練功偷懶被處罰，他也是動不動就會被抓去開棍的倒楣鬼，小毛被我撞上了之後表情顯得非常驚恐，甚至還微微的在發抖，我還在想應該沒有把他撞傷吧！當我還搞不清楚到底發生什麼狀況的時候，小毛突然跪了下來哀求我放他一馬，他這個突如其來的舉動真的把我嚇傻了。仔細一看，地上除了跪著全身發抖苦苦哀求的小毛之外，還躺著一個開著口的大行李箱跟滿地散落的衣物，以及一些零散的日用品。看到這幅景象，我好像有點頭緒了，整個情況應該就是小毛在不該回來的時間回來收拾好行李，準備要一走了之，沒想到卻意外被我撞見，難怪他嚇得如此魂不附體，大概是怕我一把將他連人帶行李揪到指導教練那去處置吧！

不過說實在的，我當時也算是大病初癒，僅剩的體力也在稍早練功耗盡了，再加上被這麼一撞，早已令我感到有些頭昏眼花，哪裡還有力氣去面對一個已經豁出性命準備逃跑的人呢？我很明白窮寇莫追和狗急跳牆的道理，而且此刻引起我興趣的，反而是比較想知道小毛有沒有所謂的「逃亡」計畫書或是路線圖之類的東西，說不定哪一天用得上……還來不及問他，小毛抬頭看我沒有要抓他的意思，很快的把散落的東西塞回了行李箱裡起身便要跑走，臨去前還丟了一句話「老鄉（他一直認為我也是福建人，因為口音跟他有點像），謝謝你了，有機會到福州來找我，吃住我全包了，再見」，說完一溜煙頭也不回的跑掉了。留下還沒完全回神的我還站在原地思考著「我有機會離開這裡嗎？到福州要怎麼找你啊？」算了別再想了，還是趕緊回房吧！就當這一切沒發生過，只是突然參與了這麼一段「逃亡」的過程，心裡還真是有些激動啊！

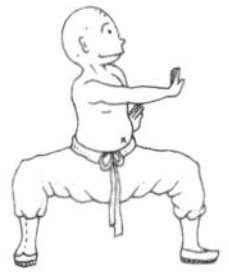

初一字地盆用雙掌出
至直處再將手一用腕力收回

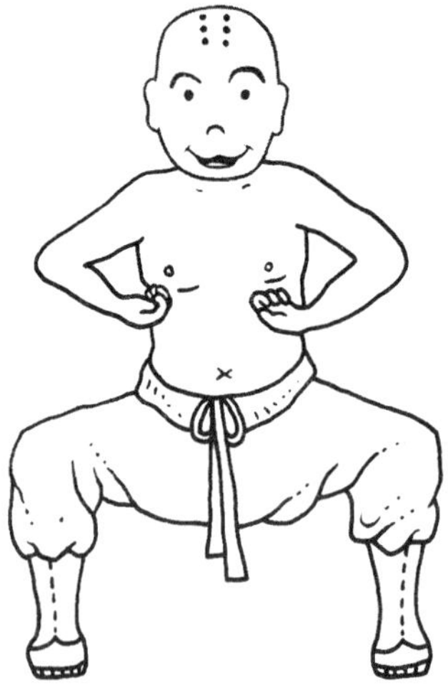

## 【第十九回】逃亡犯忌諱，師父怒出手

回到房裡沒多久，激動的情緒還未完全平息，腦海中還在想著小毛應該會順利回到他的家鄉吧！突然有一股發自內心的羨慕，回頭想想自己，這幾天也休息夠久的，別再做白日夢了，看看時間差不多要和練功回來的大家一起吃飯，該準備一下了。就在這時候突然門口傳來一陣騷動，我想應該是有人發現小毛逃走的事吧！此時我得強作鎮靜，我告訴自己一定要表現出一副完全不知情的樣子，省得到時候連我都有麻煩，房門一開，眼前的景象令我錯愕，一群人七手八腳的架著死命掙扎的小毛，小毛嘴裡還不時的嘶吼著「為什麼不讓我走，我不要待在這個沒人性的鬼地方……」，大家顯然不敢放手反而架的更緊，深怕再次讓他跑掉。不過除了緊緊的架住他之外，也沒人知道該如何處理這個狀況，如果我那時候知道指導教練會發那麼大的脾氣的話，我應該會在指導教練來之前先安撫好小毛的情

緒，不讓他惹火指導教練，只是這一切後來的想法並無法挽回當下失控的狀況。

指導教練知道狀況之後，怒氣沖沖的來到了寢室門口，小毛一見到指導教練不但沒有安靜下來，反而更不安分的大吼大叫，大概是因為絕望而不知道從哪裡冒出來的力氣。小毛的垂死掙扎更讓大家不知所措，一行人把小毛給架進了寢室，鎖上房門之後，指導教練要大家放開他，看得出指導教練正強壓著滿腔的怒火，但還是語氣和緩的對著小毛說「我給你機會，從今天開始認真練功，我就當作沒這回事」，誰知小毛竟然不識相的回頂了一句「我死都不願意留下來……」那瞬間，我見識到了火山爆發的威力，接下來看到的畫面也註定讓我終生難忘。只見小毛語音未落，指導教練已倏然出手，也就這麼一掌加一腳，就讓小毛飛也似的撞上離他身後兩公尺遠的寢室房門，在砰然一聲巨響之後，留下的是一屋子的悄然無聲，和一群連大氣都不敢喘一口的驚恐同學，當然還有那未知生死、全身癱軟倒在門邊的小毛。

從眼角的餘光瞄向小毛的方向，只見鮮血不斷的從他的耳朵、鼻孔和嘴角滲出，再看著指導教練尚處餘威未盡的狀態，整個寢室裡的情況除了血還在流之外，其他的一切包含時間都彷彿被凍結了起來。沒有一人敢輕舉妄動，連我這個大病初癒的人也不敢例外，深怕在這樣的情況下，自己成為下一個中招倒下的人，也不知道時間過了多久，應該只是一下子而已吧！那感覺卻像過了一世紀，指導教練似乎恢復到往常的平靜，但依舊是嚴肅得令人有不怒而威之感。只見他對著身邊的人交代了幾句話之後便離開了，指導教練一離開，整個寢室馬上陷入了一個失控的狀況，先是將還在冒著鮮血的小毛扶上清空的床位，隔壁班一個懂得醫術的教練也立刻進來為小毛止血，後來才知道是我們指導教練趕忙去請他來幫忙的，可見他當時也是十分擔心小毛的狀況，或許他也覺得自己出手重了一點吧！幸好小毛的狀況算是穩定住了，經過了這麼一番混亂跟震撼的過程之後，大家還是像平常一樣照著時間一起去吃飯，只是今天的飯菜似乎因為驚嚇的心情而顯得乏味（當然平常也不怎麼樣），顯然指導教練出手那一瞬間的畫面還在大家眼前久久揮之不去。

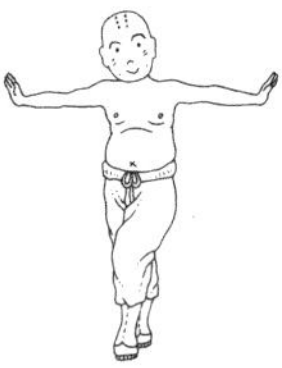

## 【第二十回】要出基地門，領悟勤練功

小毛因為身受重傷尚未清醒，因此他也只能靜靜的躺在我們寢室為他清出的床位上，而今天本來已經要開始回歸常態訓練的我，卻因為要照顧小毛而又再度獲得了休息的時間。不過今天我卻沒有之前幾天那樣一個人的自在與輕鬆，反而隨時都擔心萬一小毛要是出了狀況我該如何應付，看著躺在床上奄奄一息的小毛，真的很難相信昨天所發生的一切。後來我才從其他同學口中得知，若是要離開武僧團訓練基地不外乎幾個管道，第一、身體不適或家中遭變提出證明由家人親屬領回。第二、訓練期間因故致殘或死亡由家人領回或火化後由家人領回，第三、修習年限達到三年以上考試合格領取證書者，可留下任職或自行離開。第二點聽起來好像讓人感到毛骨悚然，不過可以確定的，是我肯定沒機會讓我的家人從基地裡把我帶回去，當然更不希望我在這裡出意外。至於第三點，我好像沒那麼多時

間，畢竟我還是要回台灣工作和生活的，至於最後一個管道就是進少林寺加入武僧團開始另一階段的修行，不過這並不容易，但是眼前看來也只有這個管道可行，我也別無選擇，既然無法逃離（下場是可以預期的），那就準備面對吧！

有了這個方向和覺悟之後，我也慢慢的發現自己的時間是非常有限的，畢竟我是到了二十多歲才進入基地訓練，我必須把握有限的時間來學習真正能為我帶來強化的功夫，而不是把時間花在和其他年紀小的學員一樣整天就單練基本功（當然基本功確實有其無可取代的重要性）。換句話說，我必須找到更有效率的學習方式，就是這樣的一個念頭，帶來了我心境上的轉變。同時也因為下定決心之後突然感覺到視野的開闊，來到這裡兩個多月，終於在歷經精神壓力和肉體訓練極限痛苦後再度重新找到方向。轉念之間豁然開朗，接下來要做的，就是把握機會去找到每個能提升學習效率的方法了，要不是小毛還是處於昏迷的狀態，我還真想跟他分享這頓悟的喜悅。

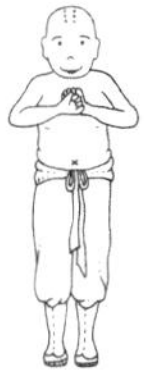

說到小毛，經過了一天的昏迷之後，就在今天的中午慢慢恢復了意識，我想他應該也還搞不清楚發生了什麼事吧！畢竟一切發生的真的太快了，現在想起來還真的讓我見識到少林功夫的威力，我想我們每天接受這樣嚴厲的訓練，除了是要有朝一日能達到像這樣的程度之外，更重要的還是要在嚴格的規矩之下學到約束自我的能力。要是練了一身的功夫卻不懂得自律的話，那我們跟亡命之徒就沒有差別了，小毛經過了這次教訓之後，學習態度也改變了不少，不過療傷療了兩個禮拜並不能代表他可以不用接受處罰。指導教練怕他內傷未癒，特別免去了開棍的處罰，取而代之的是每天中午大家吃飯時，把他綁在升旗台的旗竿上曬太陽，雖然很不人道，不過那個畫面還真是令人覺得好笑，因為小毛竟然有本事被綁在半空中的旗竿上睡覺，這跟他當初逃走被抓到的過程一樣引人發噱。其實那天他已經跑出基地了，只是想起來熱水壺忘了帶才又折回來拿，也因此才會被大家抓到，我只能說這傢伙還真是令我佩服。

## 【第二十一回】練功黃沙場，巧遇鐵頭僧

最有效率的學習方式，便是跟隨前人的經驗和腳步，不但可以省去獨自摸索的時間同時也可避開潛在的危險，但這並不代表一切就會順順利利一帆風順，相對的更是需要思考及技巧，當然還有加倍的努力。這一天我在練功場的滾滾黃沙之中，突然發現了一張令我熟悉的臉孔。不過在那當時雖有印象卻是怎麼也想不起來在哪裡見過，而且礙於正在練功，深怕一個不專心就會飛出去跌個四腳朝天（指導教練的鐵腿可是毫不留情而且百發百中的），於是我便一邊練著功一邊在腦海中反覆的搜索這張似曾相識的臉孔。經歷了一段時間的苦思，腦袋好像突然通電一般，終於讓我想起來了，當年我還在台灣搜尋少林功夫的相關資料時，曾經在媒體上讀到少林寺鐵頭功的相關報導，而示範及說明者的照片，正是眼前這個不苟言笑的教頭（比我們的指導教練大上一級，每個指導教練看到他都是必恭必敬

的），由於他特殊的頭形，幾乎可以肯定他就是我從媒體上認識的少林武僧釋延用。不過不同的，是他並沒有穿著印象中的僧袍，所以才會讓我一時之間連結不起來。

雖然在練功的過程中巧遇了武僧教頭延用，的確讓我感到振奮，畢竟像他那樣的功夫與修養，不就是我正在努力追求的目標嗎？只可惜就只是那樣驚鴻一瞥，有緣見面卻無緣請教，正當心中感到十分可惜的時候，說來也巧，就在那天用過晚餐準備回寢室放妥餐具的路上，眼前再度出現了那熟悉的身影，難掩興奮的我馬上輕聲的打了個招呼「延用師父，你好」，聽到我的聲音，延用的腳步停了下來，回過頭來疑惑的打量著我「是你在叫我嗎？你怎麼曉得我的法名」，當我向他說明我來自台灣的時候，他嚇了一大跳「怎麼沒人告訴我基地裡來了個台灣人？」，就這樣我們打開了話匣子。當天晚上的心法課程結束之後，他特地來到我們的寢室邀請我到他房裡去聊聊，指導教練一見是教頭來要人，二話不說馬上放行。延用說之前他也曾到過台灣表演，在台灣的時候受到很多台灣朋友的照顧，因此他一知道我是台灣人的時候，自然感到特別親切。

既然能跟延用這樣教頭級的武僧交到朋友，我自然不肯放棄一切請教的機會，那一天我們整整聊了兩個多小時，或許是投緣吧！他也絲毫不吝嗇的一一為我的疑惑解答及說明，要不是明天一早還得起床練功，我還真捨不得離開他的房間，在這兩個多小時的暢談之中，只有一句話能形容我當時的心情，那還真的就叫做「聽君一席話，勝讀十年書啊」。不過延用也告訴我，他並不會在這裡待太久，他只是來支援他的師兄延魯（武僧團基地總教頭）一段時間，沒多久他就要到北京去發展了，在這段時間裡，如果我有問題，他歡迎我隨時來與他泡茶聊天。我心裡想「那是一定的，有這樣大師指點的機會，我是說什麼也不會輕易放過的」。

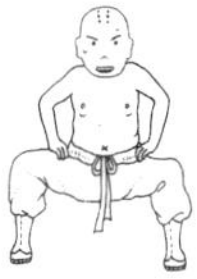

初一字地盆雙虎掌
既扎入收回再將拳向高一舉
使氣復貫入丹田

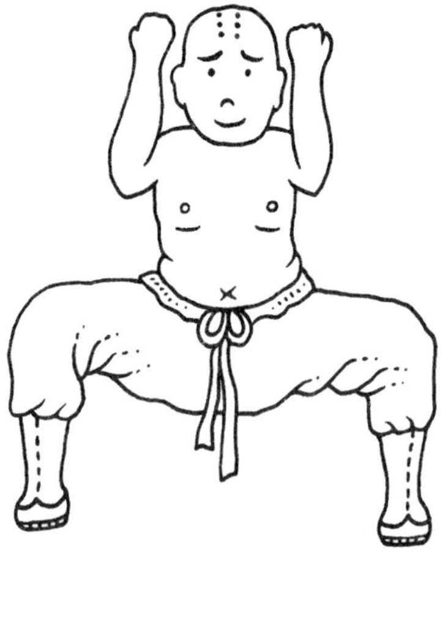

## 【第二十二回】練功一線隔，收穫一念轉

在和延用相處的這段時間裡，我在基地的生活起了很大的變化，因此也讓我感受到「武僧」在基地裡的地位與影響力。其實在基地的教練幾乎都是少林寺武僧團的成員，不過大多屬較小一輩的「恆」字輩（少林宗法第三十五代），延用所屬的「延」字輩（少林宗法第三十四代）有其代表的地位及象徵，當然更重要的是實力及修養，或許是延用長年待在少林寺裡修行，雖然在平時監督我們練武的時候是完全不講情理的，甚至可以說是近乎鐵血的要求，但在私底下和他閒談之時，卻又能感受到他對少林功夫的苦心鑽研以及超凡的人格談吐。最重要的是他無私的傾囊相授，雖然沒能有太多的相處時間，但經由延用告訴我的每一個方法，都對我在日後練功及學習上產生了重大的影響。

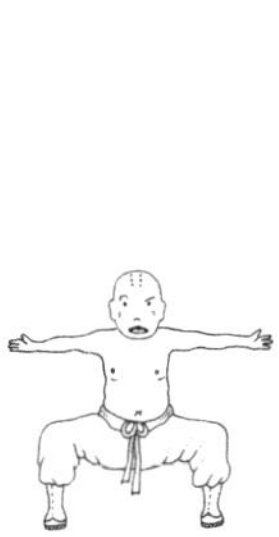

延用的練功經驗談對我來說不啻為一個極大的幫助，大到一套拳法的由來及動作講解，小到一個呼吸及角度調整，無一不讓我在練功的過程中得到超乎想像的進步，連我的指導教練都感到訝異。不過並不像武俠小說中那樣的誇張，應該說我比別人少了一些遭遇失敗的機會，只要用對方法，很多盲點及問題便能迎刃而解，這樣的過程也讓我產生了很深的感觸，在延用沒有告訴我訣竅之前，不管我花多少心思及體力去嘗試解決練功所遇到的瓶頸，得到的結果往往是筋疲力盡卻仍不得其門而入。而當被延用一語道破盲點之時，雖然頓時茅塞頓開，但也時常感到懊惱，明明自己就離成功那麼近，卻為什麼老是會在一線之隔的失敗圈中打轉呢？而延用也非常有趣，我只能利用晚上的時間請教他問題，有時白天他也會看見我不斷的在錯誤的練習方式中耗盡體力，但卻從來不會立刻給予糾正，而是在旁邊靜靜的看著我像笨蛋一樣一次又一次的嘗試錯誤，非得等到晚上我想起來請教他，才會點我兩下讓我明白該注意的地方。因為延用這樣的方式，讓我明白即使有高人指點，練武依舊沒有捷徑，或許在延用的指導下能讓我減少迷失的時間，但若要從中獲得進步，靠的還是要努力再更努力。

當然除了得到進步這樣的好處之外，還有另外一點才是讓人羨慕，每天到了要吃飯的時間，我不必再像打仗一般的和二千人排隊搶飯吃，而是隨著延用走進廚房享用工作人員事先為他準備的飯菜，當然在他交代之下也為我多準備了一份，沒想到訓練基地裡對武僧教頭的禮遇，這下子反而成為我的特權了，這樣與眾不同的感覺還真有些令我受寵若驚啊（當然飯菜依舊是不怎麼樣）！

# 第二十三回

# 練武無捷徑，求教小武僧

天下無不散的筵席，明明才感覺剛和延用認識而已，怎麼轉眼間他便要離開了，延用告訴我他在這邊的事情已經告一段落，接下來北京那邊還有很多事情等著他去處理，臨行前不忘鼓勵我要好好把握機會努力練功，只要能夠記住他告訴我的每一個重點再加上每日不輟的練習，假以時日一定可以看到成果的。話雖如此，即使心裡還堆著滿坑滿谷的問題，即使知道或許沒能再有機會請益，但也只能放下滿腹不捨，期待有緣再見面了。

在延用離開之後，我逐漸明白了一個道理，在學習的路上如能有明燈指引，固然能很快的找到方法和摸清方向，但卻不能過度依賴而少了其中摸索的過程，更重要的是在這樣的過程中學會思考和組織，如此一來才能在自己的身上累積實力，訓練自己獨自面對挫折的能力。當然，每當我在練功又遇到不得其門而入的狀況時，我總會不經意的想起延用的身影，想起那段夜裡泡茶請益的時光，不過我知道，這就是我要開始靜下來思考的時候了，雖然不一定能夠很快的掌握住重點，但總能為我帶來一股平靜的力量，讓我能一次一次的從挫折中成長。

少了高人指點的成長雖然是緩慢的，不過我卻仍然很積極的尋求「有效率」的學習方式，尤其是我現在正在練習的拳法套路，因為礙於團體進度的關係，每天能從指導教練身上學到的招式就是固定的幾招，我總希望能先整套學完之後，再來藉由完整的練習中調整及改善，畢竟我的時間實在是有限啊！突然之間我想起了之前曾經看過延用訓練一批從少林寺裡帶來的小武僧，年紀大概都在八歲上下，其中有幾個打起拳來還真是有模有樣，他們雖然年紀小，訓練資歷可不低呢！有的是五歲就開始訓練了，最少都有三年以上的練功經歷，他們會打的拳法套路是遠遠比我們多太多了。打定主意之後，趁著一次的休息時間，抓了個小武僧準備請他好好教我，然而或許是延用不在我身邊的緣故，也可能是我對小武僧來說還不是太熟悉的關係，他竟然認真的對我說「師父說不可以偷學功夫」，當下還

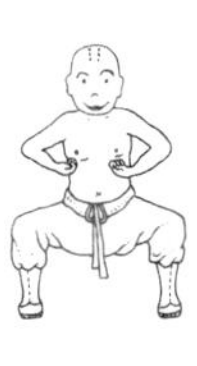

真有點被人識破的感覺，而且竟然是被一個小孩子給抓包，真是有點低估了眼前的小武僧。不過一次的失敗並不能讓我就此罷休，一定還有別的方法，再想想吧！

經過了一夜縝密的思考之後，我帶著兩顆台灣的糖果（我離開台灣前買了一大包，卻因為口味不合而一直放著），再次攔下了昨天拒絕我的小武僧，先塞了兩顆糖給他，他把糖收下之後，依然很酷的對我說「我不可以教你功夫的」，我當然知道他會這麼說，不過我告訴他我沒有要跟他偷學，只是想看看他的功夫好不好，就像之前延用在教他們的時候那樣而已，這一招果然奏效，他反問我「那你要看哪一套（功夫）？」，那就先來個連環拳吧，眼前的小武僧很賣力的把整套拳法紮實的打了一遍，我強壓著心中的興奮，語帶平靜的跟他說，前面還可以，後面就有點沒力了，尤其是後面那十招，可以認真多打幾遍給我看看嗎？小武僧被我這麼一激，果然很認真的又多打了好幾遍，當然，我也在這個過程中達到了我的目的，往後只要有機會，我就會「請」這些小武僧練拳給我看，久而久之我也跟他們成了好朋友，因此也沒有「偷學功夫」這回事了。

## 【第二十四回】咬牙練功勤，獨入單人房

由於我不像基地裡一般的學員一樣要上文化課（國文、英文、數學……等基本學科），因此每天比別人多出四個小時的練功時間，可能是身體狀況逐漸適應，我已感覺到自己在功夫的學習過程中有了明顯的進步，當然痛苦的程度依舊存在，不過漸漸從咬牙忍受轉而成可以默默承受了。再加上我善用各種「學習技巧」，以及從不放棄任何的學習機會，更讓指導教練發現到我的進步神速。這天指導教練突然通知我練完功後把行李收拾一下準備離開，並囑咐我不要多問，到了晚上就自然會明白。帶著滿腹的疑問整理著行李，突然有一種茫茫無所從的失落感，腦海中的時光拉回了第一次走進寢室的景象，耳邊還依稀聽到當時指導教練的耳提面命，到了現在好不容易才熟悉了這個環境，早已習慣眼前這塊擁擠的床板，怎麼突然要我離開了呢？

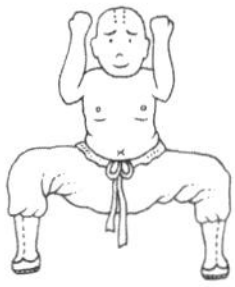

吃過晚餐之後，指導教練領著我到了基地教練員的宿舍大樓，帶我走進了一間空房間，大小和我之前的寢室差不多，不過卻只擺著一張單人床和一套桌椅，感覺有些空空蕩蕩的，「從今天起你就住這裡了，趕快把東西安置好，等會還要見一個人」，不是我聽錯了吧！眼前的樣子不像是在作夢啊！這下子我更納悶了，沒等我整理行李，指導教練又把我帶出了新寢室，敲了敲對面的房門，對著開門的人打了聲招呼「總教練，人就交給你了，以後麻煩你指導了」，說完便離去了，而眼前這位指導教練口中稱呼的「總教練」好像也沒有要跟我說明狀況的意思，簡單的丟下了一句話「晚了，你回去歇著吧！有什麼事明天再說」，留下我一個人回到那令人不安的大房間。

我一個人待在這個大房間裡，眼下所見之處都充滿了種種不協調的感覺。空間大了，卻覺得桌子小了，椅子小了，連比之前床板大多了的單人床也變小了，一樣大的房間在少了二十幾個同甘共苦的同學之後，自己一個人竟然是如此的渺小。唯一不變的，是窗外寧靜的夜景和高高掛在天上的一輪明月，心裡告訴自己別想太多，免得又再度勾起那深藏心中的思鄉之情，唉……還真希望聽到那熟悉的打呼聲啊！

這一夜是我從開始練功之後第一個失眠的夜晚，好久不曾在床上翻來覆去的我又開始顯得不安，從前是還來不及翻就累到睡死了，應該說是昏倒比較貼切，而且在剛進基地時我每天朝思暮想的，就是能夠有一個比較大的空間睡覺，沒想到終於如願以償之後心裡的感覺卻是這般難堪，一方面是真的無法一下子就習慣新的環境，另一方面則是一直到現在我都還搞不清楚到底我是身處在什麼狀況，未知的明天和未知的訓練以及未知的「總教練」。

拳既高舉即順勢往下一墜
名黑虎落地生根法

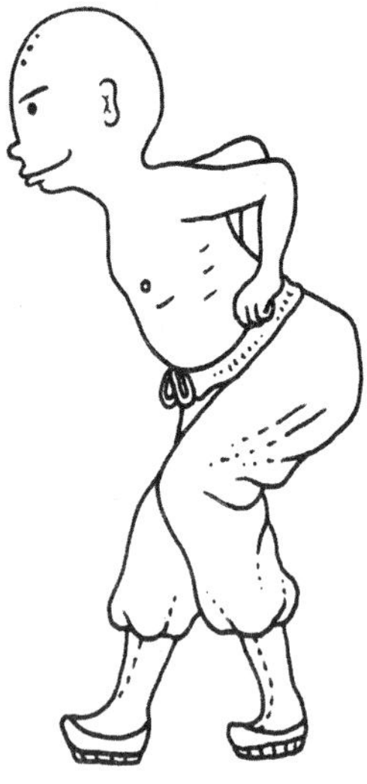

## 【第二十五回】只要能用心，無處不功夫

從跟在總教練身邊的第一天起，我便不再和大家一起訓練了，取而代之的是一切照著總教練的每日作息而定，早上跟著他巡視晨練的狀況，晚上則是看著他訓練指導教練團。說也奇怪，一連幾天從來不見總教練要我學習或是跟著大家一起訓練，我每天所做唯一的一件事，就是像影子一樣寸步不離的跟在他身邊，而他也從不要求我。幾天下來，我心裡雖然著急，卻找不到具體的方式向他請教，但我終究還是按耐不住了，一天早上跟在總教練身邊從練功場回來的路上，我總算是開口向他問道「總教練，你何時要開始給我訓練呢？我已經跟著你幾天了，是不是可以請你給我指導一下了呢？」，總教練聽到我這麼一問，沒有太大的反應，感覺好像他早就知道我會這麼問他了。當下他並沒有馬上回答我的問題，而是不停的繼續往前走，這下我更悶了，花了幾天的時間跟在總教練身旁，不但沒學到高

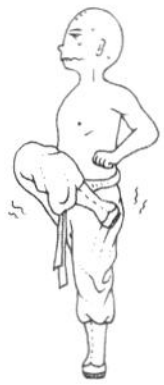

深的技巧，就連問個問題也得不到回應，心裡不免感到挫折，走沒幾步路，總教練突然停了下來，反問了我一句「你知道你到底想學什麼嗎？知道你能學什麼嗎？」，說完又繼續往前走了，突然被他這麼一問，我一時之間有些反應不過來。

是啊，從來到基地的那一天開始，就是按照作息表的規範操練，長期固定的訓練模式已讓我從中適應，反正只要跟著指導教練的口令和跟著大家的動作，就能完成日復一日的訓練，即使我花了不少心思在提升學習效率上，但到頭來也只是強化了我熟練的程度而已，是比一般人進步的速度快得多，不過卻真的從沒思考過在這千變萬化包羅萬象的少林功夫中，是不是應該去找一個適合我的方向？適應環境固然是一項挑戰，但重要的是在適應之後才是積極創新的開始，或許在這強勢的體制運作之下，我也已經慢慢的遺忘了學習跟創新應該是要相輔相成的道理。如今被總教練這麼一問，彷彿又重新找到了一個方向，大概是我陷入思考的緣故吧！猛然回過神來一看，總教練已快消失在路的盡頭了，很快的我又跟上了總教練身邊，他見我若有所思的樣子，再度停下了腳步，隨手撿起一根路旁的破拐杖，一時之間我腦海裡閃過了一句成語「當頭棒喝」，不是要用這麼激烈的手段吧！就在我還沒搞清楚狀況時，只見總教練突然耍出了一套少林達摩杖法，步法轉換、翻騰跳躍有如行雲流水一般，套路行進間可以清楚的感受到少林功夫的威力，但卻又令人覺得一切是那麼的隨興與自然，招式落定放下了拐杖，感覺好像什麼事都沒發生過一樣，這時總教練緩緩說話了：「功夫的重點在隨處可用，一味的學習容易迷失，必須在學習的過程之中對自己能有更進一步的瞭解，好好想一想再告訴我你想學什麼吧」。

短短幾句話還真是言簡意賅，原來不是他不教我，而是我不知道自己能學什麼，經過總教練這麼一說，雖然沒被棒子敲到腦袋，卻十足有更上一層樓的感覺。回想起剛才總教練耍的那一套功夫，確實讓我明白了有些事情真的是言語無法表達，唯有用心才能感受，此時此刻，在我眼前的總教練距離也不再是那麼遙遠了。

【第二十六回】

# 求教總教頭，修身涵養深

釋延少總教練年紀很輕，還不到三十歲。說到延少的來頭還真不小，不但是培訓基地總教頭延魯親自禮聘而來，在來到基地任教之前，曾經是知名功夫童星釋小龍的師父，本來是要和釋小龍一同到美國去發揚少林武學，只可惜礙於某些法規限制，到臨行之際才又被擋了下來，也因此才會被找來基地，負責管理所有的指導教練及武僧團的表演訓練。要論起他在功夫上的經歷，那可不是三言兩語就說得完的，只是在我還不了解他之前，卻怎麼也很難叫我相信眼前這位不到三十歲的年輕人，在武術界中已是大師級的人物。

從前在台灣練武的刻板印象中，一般在武術界公認的大師總被塑造成童顏鶴髮，仙風道骨的老人，彷彿沒歷經過一甲子以上的風霜洗禮，便不夠資格當上「師」字輩的人物。由於大部分的人們對於功夫的瞭解，還是來自於電影、電視以及小說漫畫的渲染，因此也產生了一種很奇怪的現象，那就是功夫好不好是一回事，道德修養高不高也不太重要，真正重要的是如何讓自己看起來「像」一位大師。畢竟只要符合刻板印象中的期望，功夫也不用練了，用「說」的也能說出一口的好功夫，而這樣的師父往往也能夠找到屬於他們的信徒。至於我在台灣所聽說過，甚至請教過真正有修養且武學造詣高深的師父，也往往都是年事已高，雖能在其身上學到累積數十年的功夫道理以及人格修為，但我的師父也常感嘆有些功夫的菁華早已隨歲月而流失。從前我不曉得師父所嘆為何，如今在延少身上我才明白功夫的傳承除了師父要肯教之外，能教和會教也是非常重要的。

和延少一段時間的相處下來之後，從看得見的功夫，舉凡各式少林拳法，各項兵器如刀、槍、劍、棍、鞭、鉤、枴…等，到看不見的功夫，像是氣功、內功、童子功……，只能說他無一不是樣樣精通。然而，從他結實的體魄和全身隨處可見的傷疤以及他內斂的眼神，我也明白這是他二十幾年來日日苦練的成果，而且更難能可貴的，是在他不到三十歲且精通十

八般武藝的身上，我感受更深的是一個武術家的修養。延少常說功夫再高，依舊會有隨著年齡增長而衰老的時候，因此除了要趁著年輕不斷的累積實力之外，更要趁著還能夠教給下一代的時候努力傳承，這不但是他深切的個人體會，更是少林寺武僧代代相傳的精神。

還有一點讓我印象非常深刻，當延少得知我在台灣的學歷是大學畢業時（說實在的這在台灣真的不足掛齒），他感慨的對我說，其實他也非常喜歡讀書，因為他們家是經營書店的，從小耳濡目染希望有朝一日能成為一個文學家。只是從小就被送進了少林寺習武，花了畢生的時間在功夫的精進上，所以沒能像一般小孩一樣讀書上學。因此，當他現在比較能夠支配自己的時間時，他總是會去找幾本古書來讀一讀，學學前人所留下的道理，只是常常會有不懂的地方卻又找不到人可以問，這下他像發現新大陸似的興奮，捧著幾本書來問我有沒有讀過。我一看這幾本書分別是──《三國演義》、《唐詩》和《宋詞》……，應該是沒問題，還有老子《道德經》、《六祖壇經》……，這可得好好研究，另外幾本像是《毛澤東詩文集》、《東北義勇軍馬占山》倒是引起了我的興趣，畢竟在台灣聽都沒聽過。當我看到延少已經貴為總教練，手底下管轄著上千名武術高手，依然努力的找機會充實自己，不禁被他深深感動，這時也才明白「一個人的不凡成就絕非偶然，努力不懈的態度以及謙卑學習的精神，才是邁向成功的不二法門」，這點在延少的身上可說是無庸置疑，而我則正要努力朝這樣的目標前進。

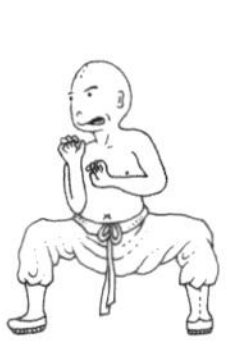

前馬步既收回
立定再起
右腳踏一字地盆

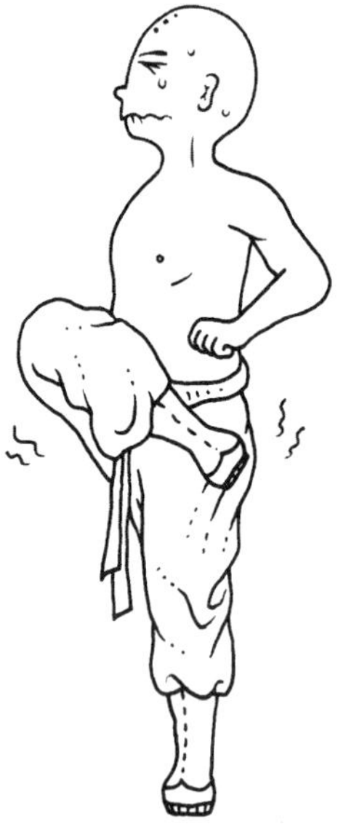

## 【第二十七回】再登少林寺，見識各絕技

在我還沒來到武僧團基地之前，我在台灣就曾聽說過少林寺存在著神祕的七十二絕技，但或許是我的資質太低，一直無緣得以見識到這超乎常人境界的功夫。對於這些功夫的瞭解，也就是書上的介紹和自己的想像而已，甚至我也曾經一度懷疑在這個世界上是否真的還存在著會這些功夫的人嗎？不過或許是來到基地之後每天的生活都太充實了，日子久了竟也忘了這個曾經叫我思考許久的疑惑。自從跟在延少身邊的那一天起，除了練功的感覺不同了之外，練功的方向也開始有了很明顯的調整：從剛強猛烈的拳腳功夫，逐漸轉變為內斂柔和的內功鍛鍊。雖然訓練的量並沒有增加，但卻有一種說不出的實在感，而這一切的改變為的正是要迎接另一個境界的訓練。

一天清早，我感覺天好像還沒亮，門外傳來了一陣急促的敲門聲，睡眼惺忪的我看了看錶，奇怪，不是我看錯了吧！還沒四點呢！門外的延少催促著我趕緊起床準備，心裡雖然納悶還是迅速的起床著裝，一出門延少馬上拉著我上車，一路趕往少林寺，在車上延少交代我「今天帶你去見識一些不一樣的功夫，一會兒到了之後只管認真看，別多話」。雖然少林寺和訓練基地只有半小時車程而已，不過我當初來報到之後，我便無緣再踏進這佛門聖地，直到今天，我終於可以再一次的來到這我幾乎快忘記景象的地方。和上次不同的，是我已經歷過少林功夫的歷練，這感覺比起當時的生澀是來得踏實多了。

清晨的古剎是寂靜的，一切還是那樣的安祥，寺裡的文僧師父們已開始準備早課，原本想逐一品嚐這之前驚鴻一瞥古寺幽景，卻又讓延少一把拉著我直往後山上跑去，到底要去什麼地方啊？既然來了怎麼不讓我好好欣賞一下這近在眼前的風景呢？還是一樣的一句話：「要看，以後有的是機會」，延少帶著我穿過了一條山路，沒多久時間眼前出現了令人難以置信的景象——一群為數不少的武僧們正在練著各種屬於自己的高難度絕技。

我們並沒有靠近，而是遠遠的觀察著他們的練習，深怕一個不小心便會打擾到他們專注的修練，其中有幾個絕技我看得比較清楚，再加上延少的從旁解說更令我印象深刻。

「一陽指」，不是小說裡寫的能夠隔空點穴，而是將手指練到如鋼刀利刃一般，其威力能輕易將吃飯用的瓷碗切成碎片，過程就和拿著菜刀砍瓜切菜沒有兩樣；「鷹爪功」，利用五根手指的指尖，抓起重達二十幾公斤的鐵球，還能自在的在空中拋來拋去，並用不同的角度及姿勢來將它接住，那沉重無比的鐵球看起來就像是失去重力似的任人擺佈，這樣的指力令人難以想像；「鐵砂掌」，平常拿來蓋房子的堅硬磚頭一到了練鐵砂掌的武僧手上，就脆弱的彷彿像紙糊一般，拿起來一拍就碎、一劈就斷；「鐵頭功」，這裡的武僧在練鐵頭功時不是我之前看到延用那樣的把鐵板拿起來用頭撞破，而是靜靜的把頭倒立在石板上一動也不動，不知道他們已經維持那樣的姿勢多久了，我只知道那個樣子肯定還要撐上好一段時間；「一指禪」，說到這個絕技就更驚人了，和鐵頭功一樣，這個功夫也是要倒著練的，不同的是他將全身的重量集中在單隻手指之上，不過時間沒那麼長

就是了，要練到能靠單指承受全身的重量，這指勁想必是非常驚人的。

雖然沒有看到少林寺七十二絕技的全貌，但光是眼前所見的這幾項即已讓我嘆為觀止。而我注意到其中一個很特別的地方，那就是大家雖然練著不同的各項絕技，但每個人專注的心思卻是一樣投入的，也因為這樣心中無絲毫雜念的專注，讓我感覺到他們早已把這樣的修練融入在生活及修行之中，即使令人感到讚嘆卻依然是那樣的自然，能修練到絕技的境界真是令我由衷佩服啊！當然，除了佩服之外我更期待自己有朝一日也能成為他們其中的一員，將自己提升到更高的領域，但我知道那並不容易，更需要時間的累積。

我的心思似乎被延少給看穿了，在回基地的路上，他問了我是不是也想學少林寺的絕技，覺得自己能學哪一樣。或許是我還沉浸在自己的幻想期待裡，我竟然不經意的回答他我每一項都想學（當時的我還真是不知道天高地厚，要知道既然能成為少林功夫中的絕技，每一項絕技的背後無非都是三年五年的苦練累積，甚至有些難度更高的還需要十幾二十年的艱苦磨練才能成就的）。延少聽完沒說什麼，只是笑了幾聲，我也傻傻的跟著他笑，現在想起來還真覺得當時延少一定是在笑我這個台灣來的呆子吧！

【第二十八回】

# 初探鐵頭功，循序漸聚氣

看著別人練功是那樣的協調與自然，但輪到自己也要開始接受絕技的訓練時，狀況卻是多到令人無法想像！一開始以為可以隨心所欲的選擇一套自己認為還能接受的絕技來學習，甚至異想天開的希望能同時練個好幾項，一心只想找一個省時又省事的方式，卻完全不知道自己的態度已犯下了練絕技的種種大忌。前面有提到要成就任何少林寺七十二絕技的其中一項，除了努力不懈的苦練和經年累月的累積之外，還有一項很重要的條件，那就是身體條件在經過武術鍛鍊之後所展現出來的特質。這樣的特質是每個人身上都不盡相同的，不同的特質決定選擇絕技的方向，而我是被認為具有練鐵頭功特質的。當我用疑惑的口吻詢問原因時，他們竟給我一個很簡單的理由「你的腦袋好嘛」，這下我可迷惑了，這樣說的意思究竟是誇我思考靈光呢？還是說我的頭型適合呢？管他那麼多，練了就知道！

雖然是很期待挑戰新的訓練，不過回想起那一日清晨所看到的鐵頭功鍛鍊方式，一想到要把沒有任何保護的腦門頂在那堅硬的石板上，不由得打了個冷顫，該不會一開始就要跟著這麼做吧！對我來說應該是會要人命的，幸好絕技的訓練過程強調的是循序漸進，一關一關的去打通身上的經脈，所以在還沒學會內功行氣運用自如之前，並不會像當初訓練基本功一樣的用強迫方式，而是採用刺激的方式來達到初步聚氣強化的效果。而重點正是在「刺激」的方式上，練鐵頭功的初期訓練要點在強化頭頂的「百會穴」。刺激的方法很簡單，就是以硬物不斷的打擊在百會穴上，用意是將全身血氣聚集於同一處，藉此來達到行氣及強化的效果。訓練的過程並沒有特別之處，剛開始的方式也就是這樣一直重複的機械式訓練，若是要說有什麼感覺，我只能說除了痛到發麻之外，就是一個頭昏腦脹可以形容。請試想看看，當頭頂被人用棒子用力敲到的感覺是什麼，再把這個感覺乘上一千五百次以及每日三回，你應該就會了解到當時我的感受了。

突然轉變的訓練方式令人難以承受，心情的轉折更是要開始重新適應，從原本的期待與天真，到現在的恐懼與壓力，讓我開始思考到是不是我的

訓練方向搞錯了，畢竟只憑著一句「你的腦袋好嘛」，好像沒有太大的說服力來支持我接受這每天頭痛欲裂的訓練。不過，看看旁邊練鐵砂掌的好像遭遇就更慘了，我們每天被打頭雖然有變笨的風險，偶爾也會有頭破血流的狀況出現，可鐵沙掌的初期訓練可就是拳拳到肉、次次見血的了。每當看到他們練得雙手皮開肉綻的時候，總會讓我慶幸自己不是被選去練鐵砂掌，可是當自己在練鐵頭功被敲到意識不清接近彌留的狀態時，更是會讓我懷疑是不是根本不應該碰觸這神祕的絕技，這樣的心境實在是矛盾。我也曾找到機會去請教練鐵砂掌的朋友，他也告訴我這樣的訓練還真不是一般人能吃得消，不過要他像我們一樣天天把頭伸出去讓人家打，他還是寧願乖乖的去練鐵砂掌，唉！真是英雄所見略同，我怕手破、他怕頭痛！總不能叫手嫩的去練鐵砂掌，叫頭軟的來練鐵頭功吧！沒想到隔行如隔山竟也適用在絕技的訓練上！

## 【第二十九回】鐵頭功進階，撞牆再撞門

就這麼每天被敲頭的日子不知道過了多久，從前頭上被敲到腫起來的地方好像也漸漸不那麼痛了。不過腫起來的位置，並沒有因為痛覺的程度減輕而消退，反而是變成一條隆起的堅硬組織，看起來頭型好像也變的尖了一點，看著鏡子裡頭頂的變化，我猛然想起當初延用的頭頂好像也是這樣的狀況，雖然身為武僧教頭，可當年一樣也是這樣千錘百鍊出來的吧！

然而要練鐵頭功除了基本結構的強化及克服痛覺之外，最重要的還是在這個過程之中去感受到以內功調息及行氣的效果。或許是我自幼即跟著父親勤練氣功所累積的基礎，在這個過程之中我的體會比其他人都要來得深，因此也更容易掌握到箇中的要領，但這不代表我能因此而偷懶，而是更讓我激發出自我的潛能來接受更艱難的訓練。有了這樣的感覺，也才讓

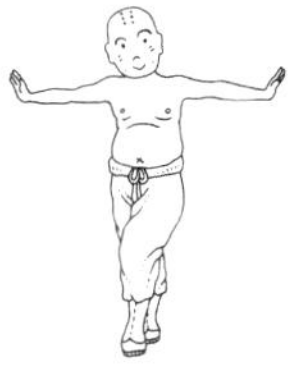

我慢慢接受這曾令我倍感質疑的鐵頭功訓練（不過還是慶幸練的不是鐵砂掌）。

接下來的訓練就是從被動的被打變成主動的出擊了，當然不是找那個每天敲我頭的師兄海扁一頓發洩，而是尋找各種生活週遭及自然界中的硬物，藉由呼吸的調整和頭部的撞擊來達到更深一層的強化，在這個階段的訓練過程中，幾乎所有能用頭撞的東西我都嘗試過了，舉凡撞樹、撞石碑、撞牆、撞山壁、撞桌子、撞椅子、撞門……等等，我想大概就只差沒撞車和撞鬼而已！也因為經歷過這樣的訓練方式，讓我日後回到台灣時，有好長一段時間改不了這愛到處撞頭的習慣，不明就理的人大概還以為我是個睜眼瞎子吧！最誇張的一次是到銀行匯款，我低著頭在看匯款資料，沒注意到銀行的透明玻璃門已在眼前，一個勁的直接用頭頂撞上去，雖然不至於把門撞破，但也發出了極大的聲響。不過因為我早已習慣這樣的感覺，當下也沒覺得哪裡不對，就這麼若無其事的走進銀行，只是警衛先生不曉得為何神情緊張的擋在我的面前，一隻手還緊握在腰際的槍上，我想應該是那個用鐵頭功撞門的聲響驚動到他了，仔細一想當時的畫面，一個滿臉橫肉的光頭男子用頭撞門，還撞得這麼用力，就算不是來搶銀行也肯定是精神有問題。幸好那時我很鎮定的裝傻帶過（其實是根本就在狀況外），不然我就有機會被請到警察局喝茶了。

這種遇牆撞牆、見門撞門的訓練過程確實有顯著的功效，除了讓其他人一眼就知道我們是練鐵頭功的之外，最重要的還是在日常生活中的各種狀況下，隨時都能掌握到呼吸的調整及運氣的要領，慢慢的讓原本需要刻意調息的部分融入到生活之中，再逐漸朝向隨時可調息、隨處可練功的方向前進，這種感覺應該就是少林功夫的獨到之處吧！

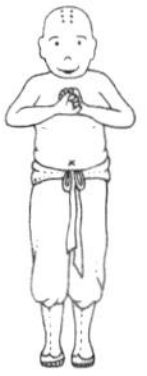

從前進步法至此

乃轉入身法向右黑虎試爪

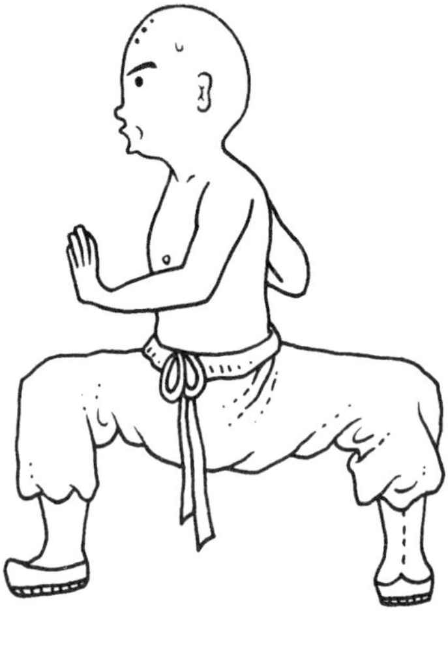

## 【第三十回】磨練硬頭皮，立上硬石板

該來的總是要來，該面對的也總是逃不過。雖然已掌握到各種學習鐵頭功的要領，也不曾一日鬆懈自己練功的意志。但一想到要用頭頂上的一點撐起全身的重量，而且還是在堅硬有如金剛不壞的石板之上，每次光用想的就令人頭皮發麻，遑論到了真的要正式嘗試的那一天，這時也真的了解到什麼叫做「硬著頭皮上」的心情。反正伸頭一刀，縮頭也是一刀，更何況一路從每天被打一直到四處亂撞的這樣走來，如果到此刻就退縮了，那不就真的成了被打笨的呆子，更何況或許只是我自己多慮了，畢竟我也是很認真的在磨練自己啊！我極力的安慰自己那害怕的感覺應該只是對未知的恐懼而已。

俗話說得好，「幻想是美麗的，而現實終究是殘酷的」就在我完成了安

慰自己的心理建設之後，我毅然決然的走出了第一步，原本想說不要逞強，先能夠撐上三分鐘再說吧（標準是一刻鐘，也就是十五分鐘），沒想到就在全身重量落在頭頂的那一剎那，這感覺還真是生命中不可承受之重啊！別說是三分鐘了，我只撐了三秒鐘不到便直接摔了下來，心中不免犯嘀咕「我想就到此為止了吧！或許我真的不適合！」畢竟這已經不是面子問題了，我已經很實在的了解到眼前這難以突破的瓶頸，但礙於大家都拚了命的努力練習，加上指導的師父不時投以關愛的眼神，我姑且就抱著明知不可為而為之的壯烈心情繼續嘗試吧！然而雖有荊軻刺秦皇的決心，但結果卻仍舊沒有改變，就像當年荊軻的下場一樣，我也不免擔心我是不是就會這樣壯烈犧牲在這頑強的石板上。

這一天的練習再度讓我又充滿了痛苦與挫折，不斷嘗試的過程中帶來了肉體累積的痛苦，一次又一次毫無進步的失敗經驗，讓我的心裡感到無限的挫折，雖然在成長的過程中也常遭遇失敗，但我總希望自己能從失敗中檢討，找出自己應該改進的空間，並將之累積成下一次進步與努力的動力，然而今天的練習卻讓我充滿了無力感。師父說練成絕技的關鍵在於能否自我突破，道理說來簡單，做起來卻有如登天之難，不過唯一值得安慰的，是在一天無數次的練習失敗中，我並沒有因此而受傷，這一點倒是可以證明之前的訓練還是有效果的。

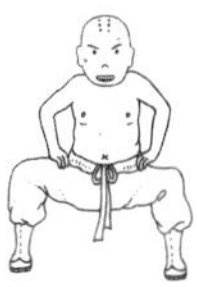

## 【第三十一回】鐵頭功再進，執著與放下

幾次的失敗或許還不足以動搖我的決心，但一連好多天都是面臨相同的情況時，心情難免也跟著受到了影響。雖然身心俱疲卻無法睡得安穩，腦子裡每分每秒都在這些挫折中打轉，一直思考著該如何找到那個關鍵點，然而愈是費心思考就愈是得不到答案，反而為自己帶來了更多的焦躁與不安，至於結果當然也是可想而知的。

一天夜裡，我又再度被複雜的思緒打擾的整夜難眠，雖然休息對每天都要練功的我來說十分重要，但與其睡得如此不安穩，倒不如多花些時間來練練功還覺得踏實些，但是夜裡練功總是怕吵到其他人，乾脆不要練得太激烈，就練一些比較柔和的內功吧！不知道自己練了多久，只知道在這一呼一吸和一吐一納之間，我的心情逐漸獲得平靜，在平靜下來之後我也告

訴自己，能有機會接觸到少林寺的絕技就已經很令我滿足了，既然能從少林功夫中體悟到從前不懂的道理，讓自己能以更隨和的心情看待成敗也是一種成長。那麼能否成就絕技，就交給之後的努力和時間的累積了，反正來日方長也不急於這一時，說也奇怪，念頭一轉放下那執著的心後，竟就這麼安安穩穩的睡著了。

可能是昨夜睡得特別舒服，今天一早時間還沒到我就醒了，正在刷牙刷到一半突然覺得好像哪裡不太對勁，看了一下手上的牙刷，原來是我忘了擠牙膏了，難怪刷了半天一點泡沫都沒有，就在這一瞬間，我的腦袋好像有一道靈光閃過，我終於知道我練功為何失敗的原因了，原來我每次都是因為恐懼而光使蠻力來練功，根本就忘了要配合平常所練的內功來調整，少了內功調氣的配合，又怎麼可能在絕技的學習上有所突破呢？唉……這麼簡單的道理竟也讓我困惑了那麼長的一段時間，甚至一度幾乎要放棄，不過領悟得晚還是比執迷不悟來得好，此時此刻，我已迫不及待的想要開始練功了！

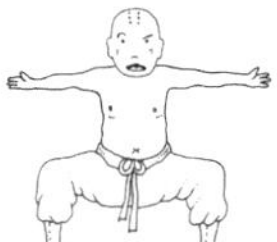

到了練功的時間，我再一次的把頭頂到了石板之上，配合呼吸調息之後果然感到了明顯的不同，這一次我總算是撐了……還是三秒……，雖然還沒開始進步，但我已逐漸掌握要領了。現在只要繼續朝這個方向努力不懈，功力的累積絕對是指日可待，不過我也很清楚的明白，將來不管是在練功或是人生成長的路途上，肯定還有許多要面對的挑戰，在此我也期許自己在遭遇挫折的同時，能夠以放下的平常心來面對，真正朝向禪宗「活在當下不執著」的方向努力前進。

## 【第三十二回】重生離基地，少林寺拜師

時光飛逝，歲月如梭啊！從第一次進少林寺到今天，不知不覺已過了一年多的時間了。經歷了這段時間以來少林功夫的淬鍊以及少林文化的洗禮，著實讓我從中學習及成長許多。驀然回首這一路走來，雖然經歷過不下千百次時間凍結及度日如年的挫敗與訓練，但從中所獲得的經驗以及前人所留下的種種智慧，都將會是令我此生受用無窮的，最重要的是，從今以後我將更珍惜人生的一切，不曉得為什麼，心中的那個感覺應該叫做「重生」吧！但我總覺得有那麼一點「生還」的意味。

今天的心情是百感交集的，對於一年多前的我來說，這一刻是當時的我所日夜引頸期盼的。但到了真正要離開基地的時候，竟沒料到自己竟也會有不捨的心情，唉……畢竟是有血有淚、有甘有苦啊！當然還有一群捨不

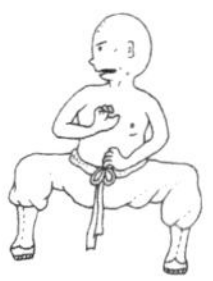

得我離開的好同學，不過別擔心，只要一有機會我一定會再回來看看大家的。收拾好行囊和散落的心情一一和大家道別後，我又再度出發前往少林寺，雖然接下來的生活對我來說依然是未知的，但此時在我的心中不再有恐懼，取而代之的是些許的期待和滿滿的踏實。

進到少林寺安頓好行李後，便由寺裡的師兄們帶著我來到了方丈室，要是說心裡面不緊張那肯定是騙人的，一進方丈室第一眼見到的便是已端坐在內的少林寺永信方丈，雖然之前曾有幾次機會見到，但都只是遠遠看到而已，不像今天是要當面向方丈叩頭拜師，由於我完全是在狀況外的，所以一切都是由師兄引導著我進行，師兄向方丈呈上我的身分資料之後，方丈很仔細的逐一檢視，沒多久方丈便指示身旁的師兄帶我到地藏殿皈依，誦經皈依之後我又再度回到了方丈室，此時便是正式向方丈行拜師大禮了。行完跪拜禮之後，方丈為我起了一個法名「延勝」，從這一刻起我正式成為少林寺方丈的徒弟，同時也是少林宗法中的第三十四代「延」字輩的弟子。或許是這一切發生得太自然了，也可能是我尚未準備好要面對新的身分與生活，當下我的反應竟然是像木頭一樣的有點不知所措，如果不是有師兄幫我用相機記錄下這一幕，我可能都還不是太清楚到底發生了什麼事呢！

經歷完拜師的儀式之後，我才慢慢的回過神來，方丈要師兄領著我四處去轉轉，瞭解一下少林寺的環境，當然還是要讓我知道寺裡的生活作息和規矩，畢竟在佛門重地裡遵守清規戒律是非常重要的，一邊聽著師兄講解一邊看著這千年古剎的一磚一瓦，真沒想到我竟有機會能親身體驗到出家人的清靜與修行，而且是在離我家鄉有二千公里之遠的少林寺，若要說心裡有什麼樣的體會，我想或許這就是佛家所說的緣分吧！

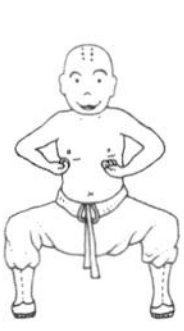

將掌轉上一沖
用力握拳並以慢力收回

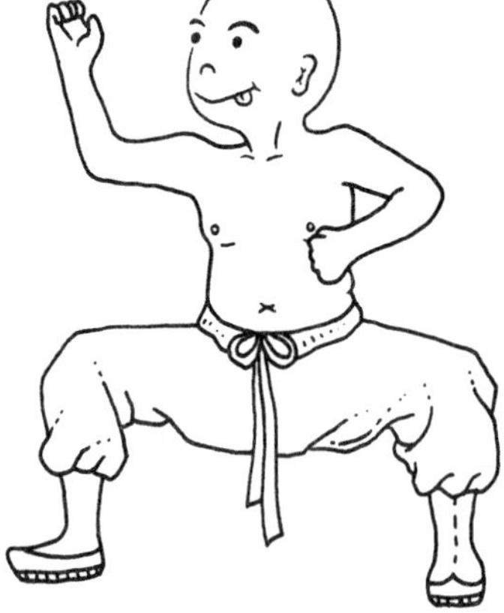

## 【第三十三回】身教勝言教，方丈為榜樣

釋永信方丈是我永遠的師父。

由於在拜師那一天的狀況外，再加上方丈平時公務繁忙，還有就是我才初入少林寺的關係，我始終是沒能有機會好好的瞭解我的師父，對於方丈的認知也僅止於閱讀方丈的著作以及之前在媒體上零零星星的破碎記憶，當然媒體不見得都是為方丈說好話的，因此讓我更想藉由在少林寺的生活來認識從前只能從書上看到的方丈，也希望能夠在這個過程之中向方丈學習少林禪宗的智慧。

方丈在少林寺中的生活出乎我意料的和大家並沒有太大的不同，我想很多人一定也和我之前有一樣的想法，那就是身為天下第一寺的方丈肯定是

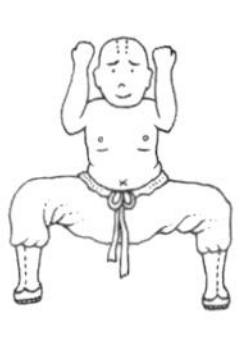

有相當的身分與地位的，方丈的生活一定也有特別的安排，只是這一切都只是我之前的想像罷了！在方丈公務繁忙的生活裡，我看到的不是一個位高權重的宗教領導人，而是一個親切且隨和的出家人，不管在什麼時候，我總能感受到他的誠懇，這是一種說不上來的感覺，而是在看到方丈的一言一行中所用心體會到的。

在我心裡對方丈有著一個極為深刻的印象，那就是只要方丈在少林寺裡的時候，一定和大家一起在齋堂用餐，方丈的食物和我們是毫無差別的，光這一點就令我極為佩服。我始終覺得他能有比較好的選擇，因為以少林寺對於當今世界的影響力，我認為方丈應該也要有好一點的待遇，只是他選擇和我們一起粗茶淡飯而且甘之如飴，我想這一點就值得讓許多身處上位的人好好學習了。而在用餐完畢之後，方丈也總是會利用時間來和我們分享他心裡的想法，特別的是我從來感受不出方丈話語中的喜怒哀樂，我只知道他總是用很平靜的心情來告訴我們每一件事情，不管是闡述少林寺眼前發展所遭遇到的問題，或者是鼓勵大家認真學習的諄諄教誨，一直到多年後的今天，這景象依然就好像才剛發生似的如此鮮明，每當我回想起曾在少林寺生活的種種時，總是對這一幕記憶猶新。

回想起自幼習武開始，十幾年來我從不同的師父身上學到了許多的功夫，從師父們的身上我也學到了待人處世的道理，而和我從前拜師學藝的師父們不同的地方，那就是方丈並沒有教我任何的武功，然而這並不代表方丈不是一個稱職的師父，我從方丈身上所學習到的，反而是影響我最為深切的，就是那一顆不論身處何時何地的「平常心」。雖然說起來只是簡單的三個字而已，但要練就到像方丈這樣不動心的境界，肯定是要經歷過多少大風大浪的考驗，我很慶幸自己能在方丈身上看到這樣的修養，而如今我也一直朝向這樣的目標不斷的修正自己的方向，我想這是值得我努力一輩子的。

## 【第三十四回】書畫境界高，慈悲首座僧

印松師父是少林寺首座僧。

或許很多人不知道「首座」所代表的意思為何，我也是聽師兄講解才知道「首座」師父在少林寺中的地位僅次於方丈而已。在少林寺時和印松師父只有幾面之緣，只知道印松師父在書法繪畫藝術上的造詣很高，對於其他的事情就知悉甚少了，不過我和印松師父還是很有緣的，在少林寺同吃同住卻對印松師父認識不多，反而是隨武僧團來台灣演出時，因為方丈委託印松師父帶團，剛好我可以協助照顧，畢竟是我自己的家鄉嘛！才有機會好好的了解印松師父。

在和印松師父相處的這一段時間裡，除了感受到印松師父在佛法上的用

心鑽研之外，還是他那精湛的書法絕技，用絕技來形容印松師父的書法功力是絕對不誇張的，他總是能夠信手拈來的將想要表達的心境付諸在他的創作之中，而其作品更是清楚的傳達出字中有畫、畫中亦有字的意境，從其他師兄口中得知，印松師父的這項書法絕技除了是他苦練多年的成果之外，更是他藉此印證禪宗修行的法門，在每一筆一畫之間，我看到的是那樣的隨喜與自在，就像印松師父平時的為人一般，雖不多話，但令人感到親切與實在，真的是字如其人，人如其字。

後來我才知道，印松師父除了在書法藝術上的成就之外，最為人所津津樂道的，還是他精湛高超的醫術，印松師父十八歲那年便出家了，後來遭遇文革還俗，靠著努力學習成了幫人把脈醫病的中醫師，在當年醫療落後的時代，靠著所學救助過許多的病患。在宗教政策落實之後，他又重新穿上僧袍虔心修行，然而這些和印松師父相關的資訊都是從別人口中得知的，反而印松師父自己不曾提及這麼一段少為人知的故事。我從對印松師父的了解中去猜想，他是那麼一個充滿慈悲及關懷的長者，雖說有著精湛的醫術，我想也難免會遇到束手無策的狀況，然則醫者父母心，明知病患

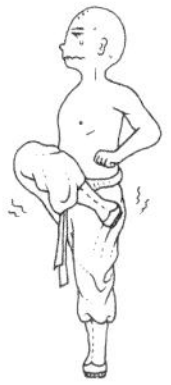

重病纏身，卻也只能眼睜睜看其倍受病痛折磨而無能為力，我想這樣的精神壓力對於印松師父的心理也是會造成負擔的吧！話雖如此，近年來方丈致力於重建少林藥局，我想精通醫術的印松師父在這個方面肯定會是一個舉足輕重的角色。如果有機會我也希望能夠向印松師父略學一些醫理，以後就不怕傷風感冒、筋骨損傷了。

## 【第三十五回】禪宗義理高，深藏不露相

和延超法師的熟識也是在台灣，他算是我們「延」字輩中的資深武僧了。在少林寺裡沒什麼機會見到他，因為延超法師早被方丈委任至青龍山的慈雲寺去當住持了，那裡離少林寺也有上百公里遠吧！除非有要緊事，否則是不常回少林寺的。雖然沒機會見面，不過我卻是和這位「延」字輩的大師兄緣份最深。那正因為延超法師到了慈雲寺當住持，因此他在少林寺的床位便空了出來，而我就這麼機緣巧合的分配到了他的床位，所以我才說跟他特別的有緣。

而我們第一次見面也非常有趣，當時我雖然是初次見到延超法師，但卻有一種說不上的熟悉感，好像曾經跟他一起生活過很長一段時間似的，我忍不住告訴他我的想法，沒想到他竟笑著跟我說，沒錯啊！你是跟我生活

過一段時間啊！難道你不覺得我看起來很眼熟嗎？經過他這麼一說，我心裡可真的是納悶了，可以確定的是我從來沒和延超法師接觸過，可偏偏那個感覺卻又是這麼的熟悉，不會吧！難道這就是書上寫的前世今生嗎？延超法師看我大概是摸不著邊際了，提示我想一想當初我在少林寺裡所住過的僧人常住院的景象，他這麼一說我也努力的回想著從前的一切，果然這麼一回想下來對延超法師的感覺是愈來愈鮮明了，不過卻是怎麼樣也找不到交集啊！終於，謎底揭曉了，我對延超法師的印象是來自於寢室內他所擺放的照片，我每天都看得到照片好幾回，卻從來不曉得我睡的床位原來是屬於照片中延超法師，唉……原來我每天都見到好幾次他的面（相片中），難怪會覺得熟悉了。

和延超法師剛開始真正認識時，他總喜歡告訴我禪宗的道理，在他的身上我也學到許多從前在宗教信仰上不懂的問題，大概是因為同輩的關係吧！雖然我也非常的尊敬延超法師，但跟方丈比起來，我還是比較敢開口向他請教，而延超法師也從不吝惜指導，或許是我一直感覺到延超法師在禪學佛法上的造詣甚高，因此我始終以為延超法師是屬於少林寺裡的文僧師父，所以也從來沒想過像他請教和少林功夫相關的問題，直到有一天……，我還記得當時的情況是另一位師兄為了測試我的武功，趁我不注意的時候出手偷襲，雖然被我擋回了幾招，但也因他出手過重而造成了我有些內傷，當天晚上我像往常一樣的到延超法師的房裡來向他請教有關經典上的問題，沒想到他一眼便看出我受了內傷，當下立即施展內功替我療傷，說也奇怪，就這麼讓他按了幾下之後，我感覺到內傷好了大半，當下才明白原來延超法師才真的是武功高強且深藏不露的高手，趁著這樣的機會，我也虛心的向延超法師請教了幾招，再一次驗證高手出招果然是不同凡響！那一夜就在延超法師的言談動作指導中，我不知不覺又在少林功夫的領域中向前邁進了一步。

前身既向右側用右手
向左一掃變為此形

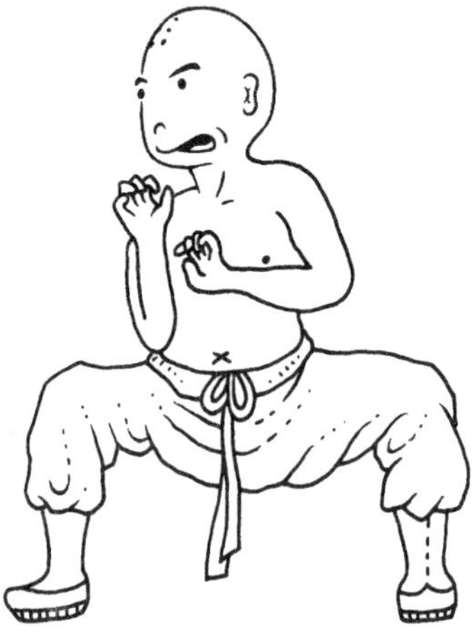

【第三十六回】

# 下山回台灣，武術香火傳

從台灣到少林寺的過程是艱辛的，然而從少林寺回台灣也同樣是充滿挑戰的，首先要克服的就是從規律生活的環境之中，重新適應緊張而充滿壓力的生活步調，還有一下子離開師父和師兄弟們的那種失落感。原本在少林寺裡再平常不過的練功，如今卻要千方百計的挪出時間和找尋合適的場地，從前打斷了棍子一點都不心疼，如今練起兵器卻要處處小心，只因為價錢貴了十幾倍，一切的轉變都來得太突然，有時甚至讓我懷疑到底哪裡才是我熟悉的地方？是那個寧靜安詳的少林寺，還是如今車水馬龍的城市喧囂。

曾有一段時間我在這重新適應的生活中感到孤獨，也曾經一度不想面對這個我從小到大的生長環境，每當我感到心情煩悶之時，我總會藉著練功

回想起我在少林寺的記憶，雖然無法立時改變現狀，但總能令我複雜的心緒感到平靜，這時也才真正體會到師父總是告訴我們，要讓少林的功夫及文化走向世界發展，第一步便要能夠走出叢林，如今我不也正面臨這樣的狀況嗎？原本離開台灣千里迢迢的來到少林寺，只是為了想瞭解不同的武學領域，沒想到一心投入之後，竟也受其精神感召，產生了一股力量和使命感，我想這個感覺應該就叫做傳承吧！

還記得大學剛畢業的我，為了實現自己追尋武學的理想，用盡一切心思只是想努力朝這個目標前進，理由很簡單，只因為這是我從小的興趣，倒也從沒想過將來是不是有一天能真的達到目標。還有更重要的、也更現實的，那就是不管有沒有達成，未來的生活要怎麼過？當初心裡也曾天人交戰，現實生活的壓力也曾幾度逼迫我不得不暫時放下理想。沒想到就這麼一步一腳印的直到今天，我已經歷過一場人生的轉折而再度回到原點，雖然現實壓力依舊存在，但我已不復當年的徬徨，雖然我仍舊和之前一樣一無所有，但我有蓄勢待發的力量支持我從頭開始，因為我知道不管將來有多少艱難險阻，我都會勇於面對。

從回到台灣之後開始憑著滿腔的熱忱和微薄的一己之力，為推廣少林功夫與精神努力扎根，期間遭遇挫折在所難免。但每當得到學生及家長的肯定及支持時，這些挫折便顯得微不足道了，在自己學習的過程之中，我發現了突破自我的潛力，而在教學傳承的過程之中，我發現台灣源源不絕的生命力，從每一個認真的學生臉上，我看到少林功夫在台灣的未來，而藉由少林功夫所鍛鍊出的堅強意志及強健體魄，學生們的成長及進步也將指日可待。

# 第二篇 少林寺導覽

少林古剎已有千年以上的歷史，不但有著優美的風景，也有我在這裡的點點回憶。

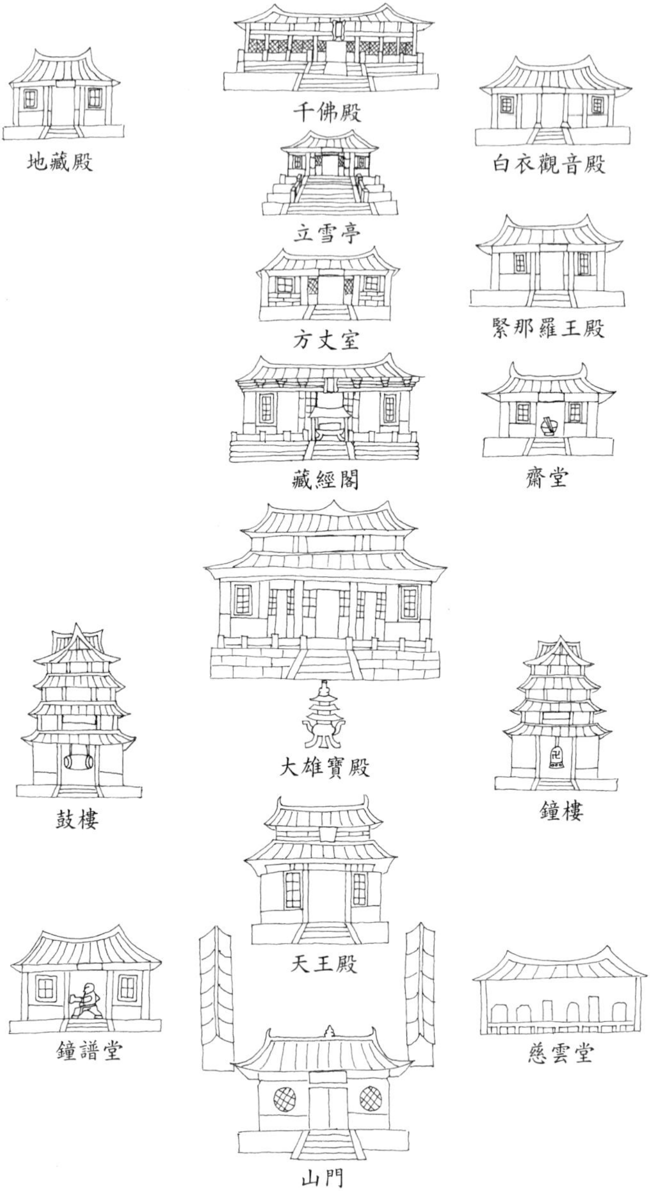


少林寺平面圖

郭禮德 繪圖

# 【少林寺簡介】

## 山門

山門，應作「三門」。依佛經言，三門即三解脫門簡稱，稱寺院大門為三門，取其入道之義。

現少林寺三門，係清雍正十三年（西元一七三五年）敕修時所建。一九七四年重修。正門上方橫懸長方形黑底金字匾額，上書「少林寺」三字，康熙四十三年（西元一七〇四年）御題頒賜。三門殿內神龕供奉彌勒坐像。神龕後面為韋陀立像。三門前有石獅一對，豎眉鼓目，純真威武；雕工精緻，元明舊物。

三門的八字牆外，有明嘉靖年間建立的石坊兩座，東西對稱，形制相同。

## 天王殿

天王殿，為寺院第二進殿宇，與大雄寶殿、藏經閣並稱三大殿。原建築已

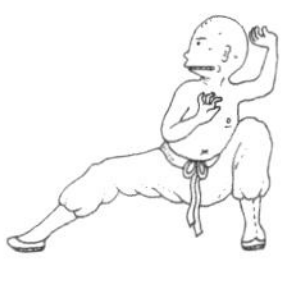

毀於一九二八年「火厄」，一九八二年按舊制重建。外塑兩執金剛像（哼哈二將），內塑四天王像。

## 大雄寶殿

大雄寶殿，是寺院佛事活動的中心場所。原建築毀於一九二八年，一九八六年重建。殿內供釋迦牟尼、藥師佛、阿彌陀佛。上懸掛清康熙御書「寶樹芳蓮」。屏牆後壁懸塑觀音像。兩側塑有十八羅漢像。

## 鐘樓、鼓樓

鐘樓、鼓樓座落在大雄寶殿兩側，東為鐘樓、西為鼓樓，四層，高四十五米，巍峨雄偉，國內罕見。

一九二八年，少林寺遭「火厄」，鐘樓毀，大鐵鐘墜地，裂為數塊。現鐘樓按舊制重建於一九九四年。大銅鐘按原型鑄於一九九五年，重六點五噸。鐘樓北隅平臺上殘破大鐵鐘，即金泰和四年所鑄原物，鐘上有銘，詳記因緣。

鼓樓，一九二八年毀於大火。現鼓樓按舊制重建於一九九五年。

## 法堂（藏經閣）

法堂，位於大雄寶殿後。為高僧講經說法處。

內貯元、明、清三代大藏經，及少林拳譜秘笈、明大藏經銅版，清《少林寺志》木版，達摩面壁影石等。一九二八年，軍閥混戰，國民軍石友三縱火少林寺，法堂及其貯藏，悉毀於火厄，殊為痛心。

現法堂按舊制重建於一九九二年，內供漢白玉大臥佛，長七米，重十六點五噸。東西兩壁經櫃，貯《中華大藏經》、《日本大正新修大藏經》、《高麗大藏經》，及佛教、少林武術等典籍。

## 方丈室

方丈室是寺中方丈起居與理事的地方。乾隆十五年（西元一七五〇年）九月三十日，清高宗弘曆游少林寺時即以方丈室為行宮，故又稱「龍庭」。

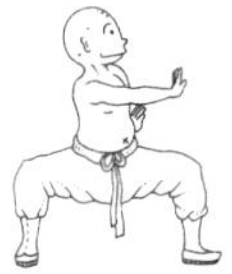

## 立雪亭

立雪亭，在方丈室後，為紀念達摩及慧可而修建於明正德七年（西元一五一二年），殿內供初祖達摩。

神龕上方懸掛「雪印心珠」匾額，係清高宗弘曆帝遊幸少林時御題，匾額正中「乾隆御筆之寶」印鑒。神龕後奉緊那羅，鐵鑄，造型古樸有力。

## 千佛殿

千佛殿，為少林寺最後一進大殿，也是少林寺現存最大的佛殿。因殿內繪有大型壁畫五百羅漢而得名。

殿內供毗盧佛，故又稱毗盧閣。

神龕後面北壁及東、西兩壁，繪「五百羅漢朝毗盧」大型壁畫：壁畫高七米五，長四十二米，面積約三百二十平方米，構圖嚴謹，形象生動，氣勢磅礴，世所罕見。

殿內地面上，尚有四十八個腳坑，傳當年寺內武僧練武所遺。清代朝廷禁止民間習武，少林武僧只好選擇最隱蔽空曠的千佛殿習武。

## 碑廊

慈雲堂為少林寺碑石最集中處，在三門內通路東側。廊內集中陳列有北齊以下碑石計一二四品，故亦稱碑廊。

北齊武平六年《少林寺碑》、唐永淳二年《大唐天後禦制詩書碑》（王知敬書）、宋宣和四年《面壁之塔》（蔡京書）、宋《第一山》（米芾書），元皇慶元年《裕公碑》（趙孟頫書）、元至正十四年《淳拙才禪師道行碑》、明萬曆三十七年《少林禪師道公碑》（董其昌書）等名碑，皆列其中，實為一座豐富的書法藝術寶庫，現院內植竹千竿，殿閣掩映，為少林寺最幽靜怡人的地方。

## 塔林

塔林，位於少林寺院西約三百米處，因塔散佈如林，故稱塔林。塔是印度古音「塔婆」簡稱，意為墳墓，在我國專指僧人的墳墓。塔內一般安放逝者的靈骨或生前衣缽。

塔林是少林寺歷代住持和有成就、有貢獻的僧人的墓群。按佛制，只有名

僧、高僧圓寂後，才設宮建塔，刻石記誌，以昭功德，激勵後來。塔的形制層級，高低大小，除了各個歷史時期的風尚和具體情況（如戰爭時代，改朝換代等）影響，還體現著逝者生前在佛教界的地位、成就和威望。塔林現存自隋以來各代墓塔共二三二座，其中隋舍利塔一座，唐塔一座，宋塔兩座，金塔七座，元塔四十三座，明塔一三九座，清塔食座，當代塔兩座，年代不清塔二十七座，另有殘塔和塔基三十五處。面積達一萬四千多平方米。為我國最大的塔林。

這些塔的造型多姿多彩，按層級分，有單層和多層，最多層級為七級，即世稱「七級浮屠」，最高達十五米；按平面形狀分，有正方形、長方形、六角形、八角形和圓形等；按型制分，有密簷式、堵波式和喇嘛式等。大多數是用磚石砌成，亦有用整石鑿制而成。塔體上往往刻有精美的圖案和浮雕。塔銘內容更加豐富，每座塔正面都有塔額，標識塔主名號；有的塔後還有塔銘，幾位有較大影響的高僧塔邊，還專門樹立碑石，詳細記載塔主的生平事蹟，嗣法傳承，以及立塔人，立塔年代等內容。因此，少林寺塔林，不僅是研究我國古代磚石建築，書法，雕刻的藝術寶庫，也是研究佛教史，少林寺史非常珍貴的資料。

特別值得指出的是，元、明兩朝是少林寺歷史最為重要時期之一，自元初一代宗師雪庭福裕入主少林，禪宗曹洞法脈重歸祖庭，一直傳到明末無言正道，其間名師輩出，高僧濟濟，史稱「少林中興時期」，並尊雪庭福裕為「中興之祖」。結合禪宗史傳，可以看到：少林寺的這段黃金時期，亦是曹洞宗的黃金時期之主體表現，亦是該時期中國佛教的重要表現。少林寺塔林中的元、明兩朝墓塔及銘文資料，對於元、明兩朝禪宗史學術研究，尤為難得可貴。

除塔林外，少林寺院內及周圍還散佈著自唐代以來墓塔十七座，其中唐塔四座，五代塔一座，宋塔兩座，元塔一座，明塔兩座，清塔四座，年代不清塔三座，同樣具有很高的價值。其中法如塔建于唐大周永昌元年（西元六八九年），塔室存碑，對早期禪宗史研究，價值更大。

## 甘露台

甘露台，在寺院西牆外三十米處，傳為少林寺創始人跋陀譯經處。當年跋

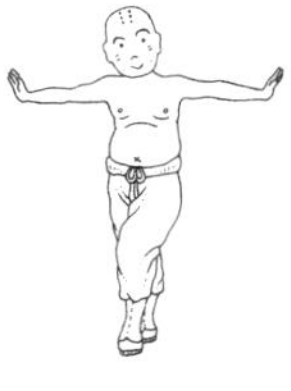

陀與勒那、流支一起，在此共譯《十地經論》，天降甘露，因此得名。唐顯慶年間，玄奘法師亦嚮往在此譯經，致書唐高宗，未果。臺上有古柏兩株，挺拔如鐵。台下東南隅，有古樹數株，根出如虯如樑。

## 【少林戒約】（相傳為覺遠上人所訂）

一、習此技術者，以強健體魄為要旨，宜朝夕從事，不可隨意作輟。

二、宜深體佛門悲憫之懷，縱於技術精嫻，只可備以自衛，切戒逞血氣之私，有好勇鬥狠之舉，犯者與違反清規同罪。

三、平日對待師長，宜敬謹將事，勿得有違抗及傲慢之行為。

四、對待儕輩，須和順溫良，誠信勿欺；不得恃強淩弱，任意妄為。

五、於挈錫遊行之時，如與俗家相遇，宜以忍辱救世為主旨，不可輕顯技術。

六、凡屬少林師法，不可逞憤相較；但偶爾遭遇，未知來歷，須先以左手作掌，上與眉齊，如係同派，須以右掌，照式答之，則彼此相知，當互為援助，以示同道之誼。

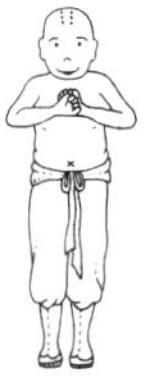

七、飲酒食肉，為佛門之大戒，宜敬謹遵守，不可違犯。蓋以酒以奪志，肉可昏神也。

八、女色男風，犯之必遭天譴，亦為佛門之所難容。凡吾禪宗弟子，宜乘為炯戒勿忽。

九、凡俗家子弟，不可輕以技術相授，以免貽害於世，違佛氏之本旨。如深知其人，性情純良，而又無強悍暴狠之行習者，始可一傳衣缽。但飲酒淫欲之戒，須使其人誓為謹守，勿得以一時之興會，而遽信其畢生。此吾宗之第一要義，幸勿輕視之也。

十、戒恃強爭勝之心，及貪得自誇之習。世之以此自喪其身，而兼流毒於人者，不知凡幾。蓋以技擊術之於人，其關係至為緊要，或炫技於一時，或務得於富室，因之生意外之波瀾，為禪門之敗類，貽羞當世，取禍俄頃，是豈先師側立此術之意也乎。凡在後學，宜切記之。

# 甘露台——曾經是武僧練功場

當年我與武僧團練功的地方，如今已長滿雜草了，還記得當年我們練功的時候，甘露台上的這兩棵枯樹幹中，有著一個大螞蜂窩，本來人蜂和平共處，牠們尋花採蜜，我們努力練功倒也相安無事。誰知有一天當大家各自練兵器時，不曉得是誰的九截鋼鞭斷了一截，高速命中樹幹上的螞蜂窩入口，一時之間群蜂傾巢而出見人就叮，場面混亂可想而知。我運氣好離台階近，因為跑得快只有輕微的擦傷，跑得慢的師兄弟可就倒楣了，最慘的還被叮了滿頭滿臉的包。雖然當時狀況十分驚險，可是就在大家一邊逃命撤退的時候，也聽到好幾個師兄弟無意識的大喊「保護方丈！」我想在這種突發狀況中，無意中激起了武僧們的危機意識吧！雖然有點好笑，不過這倒是歷代少林武僧的使命呢！

左上圖：以前的甘露台入口是長滿樹枝及草堆的，經過整理之後
還真是別有意境。
右上圖：從前練功時常覺得這兩棵樹老是擋路，光禿禿的立在那裡，完全不能發揮
遮陽避雨的功能，多年之後再次相遇，竟有一種難以言喻的感情。

雨後的甘露台，有些積水泥濘，景色顯的有些迷濛，雖然是另一種感覺，
但我還是懷念從前的烈日當空及塵土飛揚。

# 少林寺塔林

少林寺的塔林內存在有兩百多座歷代祖師的墓塔，在圓寂之後能入塔林安座者，皆為少林寺歷代高僧，其年代從唐、宋、金、元、明、清以至於現代。其中以元代墓塔近五十座及明代墓塔近一百五十餘座為最多，原因即為少林中興祖師雪庭福裕禪師在元代受朝廷封官，掌管都僧省總管全天下的所有宗教，福裕禪師之後的少林寺歷代方丈及住持也多有朝廷敕封。墓塔的造型是根據當時社會狀況及圓寂高僧的功績所建造，從一至七層皆有。師父們的說法是若屬太平盛世，墓塔的建造當然會比較講究，而若在亂世之時，墓塔的造型便自然簡單一些。傳說中由於塔林內的高僧多身兼朝廷國師，皆受歷代皇帝敕封官爵，甚至受封將軍銜掌帥印出征，因此在其墓塔的塔頂有時會有官帽的造型，據說是為了彰顯其為國盡忠、功勳顯赫之故。

在塔林與師兄們的合照，如今
各奔東西，散落在世界各處，
但緣分卻能巧妙的讓我們在不
同的時空中找到相關的連結。

從少林寺通往塔林之路，也是歷代少林的高僧通往最終歸所的必經之路，
寧靜之中也帶著幾分的莊嚴。

塔林內的墓塔群由於沒有像少林寺的主建築群遭遇火劫，因此保存尚稱完整。但也因為年代久遠，加上當年我們這群不懂事的小武僧練功所造成的破壞（以前不懂事，總會和師兄弟們把一級一級的墓塔拿來練輕功），多多少少影響到塔林的狀況。幸好現在管理比較完善，從前和師兄弟們進來塔林練功的場景就只剩回憶了。

福裕禪師舍利塔，少林寺自元朝傳至今日的輩分即是由其所排，如無意外，在接下來七百多年的歲月中，依然也會遵循其所創輩分代代相傳。

塔林內造型獨特的寶瓶塔，在從前封建王朝的時代，寶瓶塔的塔頂常被穿鑿附會的形容成皇權加封的官帽，至於是否屬實，我想塔裡的高僧是不會在意的。

御賜石碑，通常這樣造型的石碑，碑頂有龍紋，底下是由贔屓（一種似龜的神獸）馱碑的，向來就是當朝皇帝御賜的恩典，將其事跡或封賞記載於碑上。

## 少林寺碑廊

少林寺碑廊內的石碑皆為歷代文人高官遊歷少林時所留下，由於其歷史及藝術價值非常重要，因此被列為國家一級保護文物，已經有好多年不對外開放參觀。當時師兄無意間發現我懂古文（其實就是繁體字，他們學的是簡體字），便安排我在碑廊裡從碑文的字裡行間了解少林的文化，因為有這樣的機會，讓我在完全無人打擾的環境下和這裡的一級文物有了最近的接觸。那種感覺我想是旁人無法體會的，每一塊石碑背後都是千百年少林文化的累積，有些年代更為久遠。還沒復修的石碑就靜靜的躺在碑廊四周的土地上，不明就裡的人可能還會把這些無價之寶看成殘磚破瓦呢！

少林寺碑廊，充滿文藝氣息的碑廊，每塊石碑上的文字代表的不只是一段歷史，也是一段心境的寫照。

聽師兄說從前少林寺還在重建之時，碑廊上的石碑是沒有像今天這樣用玻璃框架保護的，因此一天到晚就是一堆莫名其妙的人來拓印，本來是沒有特別去阻止的，因為拓印的人太多而造成石碑的損壞，所以才禁止這個行為。後來從遊客口中得知有人在少林寺附近賣這些碑拓，一張從幾百到幾千人民幣都有，而且從少林寺禁止拓印之後聽說價格更是漲了幾十倍，這時我才知道，在我眼前的一級保護文物，從另一個角度看正是一台台不折不扣的印鈔機啊！

碑廊裡真的處處是寶貝，我還發現在一旁角落看起來像是造型垃圾桶的東西，仔細一研究竟是明朝古鐘，說真的如果可以，我還想背一個回來！

少林寺碑廊角落的明朝古鐘

## 少林寺練功場

在少林寺重建之後，當年的練功場已經被改建為僧人的常住院了，為了避免武僧們在練功時不小心對少林寺造成破壞，現在已經很少能在少林寺裡見到武僧練功了。就算有，也多屬於表演性質，像我們當時這樣紮紮實實的打木樁的場景應該是難以復見。別看這木樁上雖然是纏滿了麻繩，每當對著木樁練拳時，只要不摸魚，肯定會在兩百拳內就能讓木樁上的麻繩血跡斑斑，至於拳頭就只能用體無完膚來形容了。常常有人看到照片會問我為何表情如此凶狠，我想這實在難以解釋，最快的方法就是拿塊磚頭在自己手背上砸兩下，等皮開肉綻以後就能明白我當時的感受了。

# 少林寺錘譜堂

少林寺錘普堂裡的錘譜像，原本是用來重現古代武僧們練功的場景，算是少林寺裡一個重要的景點。但是練功的生活有時也會令人覺得乏味，因此我們練功練得無聊了，有時候也會自己找樂子，比如跳進錘譜群像中和他們過兩招。雖然我們總是小心翼翼，有時候難免忘了拳腳無眼，一不小心就造成了錘譜像們的殘缺，當然被抓到的下場也是淒涼的，我只能說當時還真是年少無知啊！

少林寺的錘譜像，這裡的塑像真實的呈現出少林武僧的特色及風光的過往歷史，不過歲月的侵蝕及人為的破壞也在他們身上留下了深刻的傷痕。

# 少林寺齋堂

齋堂對我來說是一個讓我又愛又怕的地方，愛的是每次練功練到飢餓難耐的時候，總期待能快到齋堂用餐；怕的是肚子正餓看到食物後又會容易鬆懈而忘了齋堂的規矩。少林寺是一個佛法莊嚴的佛教寺院，在寺裡的生活凡事都得講規矩，我第一次用餐因為不懂規矩而挨打至今讓我印象深刻，照規定在齋堂裡是不能說話的，當時我只是在問了打菜師兄這是什麼菜之後說了句「不要，謝謝」，馬上就是當肩來一板，雖然是不痛，跟開棍比起來差得太遠了，不過突然來這麼一下還是會讓人嚇一跳。另外一個令我害怕的地方，是永遠搞不清楚碗裡面的到底是什麼菜，只知道只要是放在我碗裡的東西都得要吃完，我憑著從前餐飲科班的訓練，也只能勉強說服自己這是能吃的東西，有一次總算讓我清楚的知道是什麼菜了，因為沒削皮的絲瓜口感實在是太特別了。

大門深鎖的齋堂，想必是還沒到用餐的時間吧，看著門上的大鎖，這裡面鎖著的，還有種種酸、甜、苦、辣的記憶。

在少林寺的時間待久了，環境跟規矩慢慢適應之後，到齋堂吃飯的壓力也比較沒那麼大了。慢慢的我也察覺到若是吃飯前大家練功練得比較餓的話，那一天唸飯前供養咒的速度就會快上很多，有時候甚至快到我都不知道該怎麼跟，沒辦法，肚子真的餓嘛！而且雖然不能說話，大家卻也發展出一套溝通方式，小小的動作加上眼神的變化，日子久了竟也讓我和師兄弟們培養出絕佳的默契，這也算是一種壓力下的樂趣吧！

# 重建中的少林寺

在少林寺這樣擁有一千五百多年歷史的古老寺廟中，無處不存在著驚奇與讚嘆，之前提過已經封閉的碑廊之外，其實還有許多不顯眼的地方也藏著寶藏。那天經過慈雲堂旁的一處工地，發現旁邊有一處待清理的垃圾堆，剛好埋住了一塊石碑的底部，有點像墳墓的形狀引起了我的注意，仔細撥開掩蓋住石碑的垃圾一看，這不正是少林寺誌裡記載元朝末年緊那羅王（傳說為少林棍法的代表）顯聖退敵的故事嗎？寺誌裡有提到這個故事被刻在石碑上，保存在少林寺中，不過我先前花了許多時間研究碑廊的石碑卻始終沒找到，原來就藏在一個這麼不起眼的地方，根據碑刻上的年代至今也至少有七百年了吧！令我興奮的是，這塊石碑不知什麼原因還沒封上玻璃框，因此我得以更直接的欣賞和研究。我想如無意外，現在當我再回少林寺見到它時，它應該還是靜靜的立在那裡，或許已被封上玻璃框吧！

左頁圖：伽藍示跡碑，上面記載少林寺護法伽藍神緊那羅王顯聖退敵的故事，緊那羅王的歷史對我來說是相當親切的，據說緊那羅王從前在少林寺裡是負責廚房工作的，很榮幸我也曾經有過相同的工作背景，不過我是在飯店端盤子的。

少林寺山門，要看到空無一人略顯清靜的山門，起得早是必要的，不過遠道而來的觀光客似乎也逐漸明白這個道理，因此雖然山門依舊，但這樣的景象卻是不易復見了。

右圖：山門前的石獅，和我的光頭對比，石獅頭上的毛髮顯得茂密多了。

左圖：清晨和小師侄一同練功，雖然輩分不同，但功夫卻是無分彼此的。

右上圖：武僧團基地裡的好同學「晏丞」，看得出他是個內向害羞的人吧！

武僧團基地裡的好同學們，右邊兩張是我充滿回憶的寢室，別懷疑，這裡面所有的人（包括我），都是睡在這「同一間」寢室的。

豪華單人房，在地板還沒被我刷過之前，
完全不知道底下鋪著白色的瓷磚。

鍾譜堂裡的演武廳，當年是我們考核功夫的地方，少林寺重建完成後已拆除了，外國觀光客總喜歡來這裡看我們練功，有機會也學上幾招。

少林寺的戒壇，就是出家受戒的地方，當年我是看著這裡從打地基開始，到一根一根的大木頭堆疊建起的，不過命運的安排並沒有讓我在少林寺出家受戒，反而讓我面對此生截然不同的挑戰。

上圖：僧人常住院內一角，每個房間裡都有僧眾個人的特色，從前我也和師兄住在裡面的其中一間，回到這裡就像回家一樣的熟悉。

左圖：僧人常住院的入口，我還是比較習慣當年地上的黃土，不過現在的感覺也不錯。

下圖：清晨時分的方丈室。

上圖：少林寺立雪亭，為紀念二祖慧可向達摩求法而建。
左頁圖：達摩石刻，開創禪宗的一代祖師。

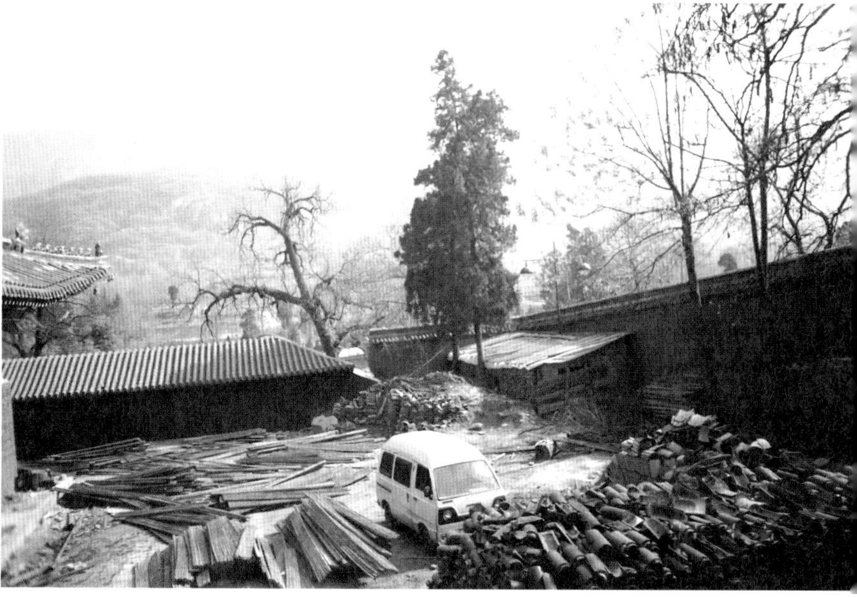

重建中的少林寺，從斷垣殘壁中依稀能夠感受到千年古剎歷盡風霜的洗禮。今天少林寺重建完成後，此情此景已成追憶。

右上、左上圖：延超師兄正指導著我練字，書法和功夫一樣，苦練的同時也要懂得用心體會。

右下圖：在方丈寺裡和我的師父閒話家常，不過徒弟見師父，總是難掩心中那一絲的緊張。
左下圖：和兩位小師侄在少林寺下院「慈雲寺」門口合影。
左頁圖：乾隆御筆題字碑，看得出乾隆皇帝在文學及書法上的造詣。

明日瞻中嶽今宵宿少林心依六禪靜
據萬山深樹古風留籟地靈雲作陰
教半巖雨發我夜窗吟
乾隆庚午九秋之杪宿少林寺用唐沈
佺期韻
御筆

少林寺下院「慈雲寺」的寺內及寺外風景，
這裡也是我師兄延超法師所住持的寺院，是
個修身養性及鍛鍊功夫的好地方。

# 第三篇 少林功夫Q&A

由上形將身左一坐
變為此式名黑虎轉身法

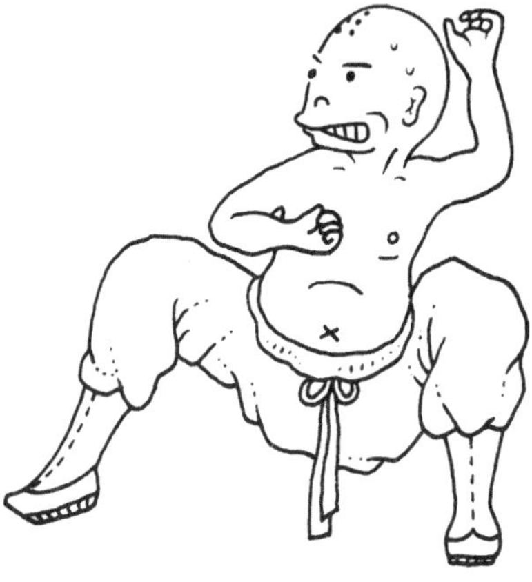

# 【少林功夫十問十答】

## 一、問

請問我們常常在電影中看到的少林功夫，例如飛簷走壁、輕功之類的功夫，那是真實情況中有可能會發生的嗎？

**答**

人不管修為再好、功夫再高、再有錢再有權，畢竟還是人。人在地球上，只要有地心引力存在的一天，都是沒有辦法違反「物理定律」的。

輕功確實是存在，但絕對不是憑空而上。輕功在少林寺中稱為「借力」，藉由不間斷、艱苦的訓練來達到骨骼肌肉的強化。例如每天揮一千拳的人絕對比每天揮一拳的人肌力來的強，不至於強一千倍，但是兩倍三倍一定可以做

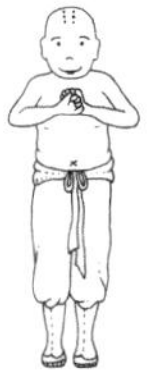

得到。假設一個人如果可以跳七、八十公分或是一公尺，我的肌力如果比他強兩倍時，或許就可以跳到一點五米或是兩米，但是這還是沒有辦法憑空而上的，我們可以借力然後再使力。所謂的借力是指當肌肉強化了，把力量踩在一個地方，就能夠再使力來多跳一點五公尺，找到下一個點的時候，又能再多跳一點五公尺，合起來就是三公尺。也就是說，如果要上到很高的地方，距離很遠可能無法上去；但如果距離近一點，加上配合施力點，蹬一下便可以上去。我在少林寺有親眼看見過輕功，而這是沒有違反物理定律的。

至於飛簷走壁這項功夫，一開始是先練走壁，所以應該說是「走壁飛簷」才對，走壁就是先讓身體適應你在牆壁上橫著走個幾步。由於一上去力量自然就會往下掉，所以衝力要夠才能往前走，一邊往下掉一邊往前走，達到平衡時，就可以達到「走壁」的效果。一開始練的時候，能夠在牆壁上面走兩步，這是最基本的，最起碼要有這個基礎才能夠繼續練習。練到初級就能夠走三步，中級能夠走四到六步，高級的就是能夠上牆橫著走六步以上。慢慢的訓練借力與彈跳，所謂的飛簷走壁就是這樣練成的，而不是五公尺一下就能夠上得去。訓練有素的人跟一般人的差別，在於一般人可能跳了一步之後需要休息調整一下才能夠跳下一步，而由於經過訓練後的人，可以在最短的時間內做出反應——就是可以接著跳，一般人看來就會覺得不可能，誤以為他們是輕輕點一下就過去了。

## 二、問

在武俠小說中，經常會提到少林寺的「易筋經」，請問那是怎麼樣的武功，還是一種硬氣功？

**答**

易筋經及八段錦都是少林內功的修練功法。一般人對氣功的認知，通常都會因為不是很了解而多了一分神祕的感覺。我會比較喜歡用另一個說法來形容：就是將原本與生俱來的呼吸方式，透過學習與調整，將人體所吸入的空氣達到最有效的利用，進而在外可以強化肉身的組織達到超乎平常的力量，而在內便可以加強身體的循環、促進新陳代謝來抗病驅疫。以我個人習練的少林內功，便是諸多氣功中的一種，以下簡單介紹一下八段錦及易筋經。

在少林寺武術相關的典籍之中，記載著八段錦有舒筋活血、調理氣血、促進人體新陳代謝等功能，久練可以健壯體質、抗疫袪病、延年益壽。經過個人多年實際習練的心得，我雖然還不曉得是否能夠延年益壽，但強壯身體、養神提氣的功效倒是非常顯著，有時上課或表演的時間排得太多，造成身體上的損耗時，我常會利用八段錦的功法演練來達到調節身體循環的功效。

至於易筋經據傳是達摩所創。典籍記載習練此功，可以使人體的神、體、氣三者周密地結合起來，使五臟六腑，十二經脈及全身得到充分的調理，有能平衡陰陽，疏筋活絡，增強人體各部生理之功能，從而達到健體，抗疫袪病，抵禦早衰，延年益壽之目的。易筋經對我來說，其功效和八段錦相似，但以一般未練過武術的人則稍有難度，因為易筋經在功法的演練上，多了一些身體伸展度較高的動作，需要稍具基礎的人去練習，才容易達到效果。

不過，學習了內功並不代表就會硬氣功。反過來說，修

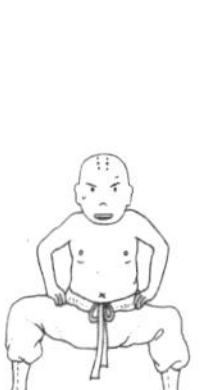

習內功是通往硬氣功習練的必經之路，待內功修習至能將體內之氣運行自如之時，便可在將氣集中於身體之上欲強化之部位，經年累月的鍛鍊後，達到前文所提超乎常人所能展現的力量，亦即所謂的硬氣功。

## 三、問

可以同時在少林寺學武，同時又是基督徒嗎？

**答**

最近幾年的少林寺跟過去在制度上有些更動。現任方丈永信禪師要求所有留在寺內習武和代表少林寺出訪的武僧都必須是出家僧人，因此未來在寺內習武的俗家弟子比例將大幅減少。

不過，少林寺附近有非常多的武術學校。到處可見外國籍的武術高手進入武術學校習武，武術學校如同我們的技職學校，只要你禁得起一天至少八小時無間斷的訓練課程，無論你信什麼宗教，只要吃得了苦，繳了學費之後，相信一樣可以學習少林功夫。

而進入少林寺內觀光旅遊，基督徒只要不堅持在寺內領聖體聖血喊哈雷路亞讚美主，應該就不會引起大家的側目，就像佛教徒通常不會刻意跑到教堂或清真寺裡要求一定要誦經的道理是一樣的！

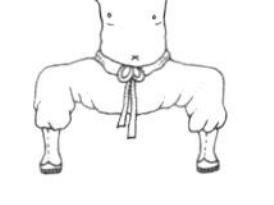

上為吐勢
此為呑勢
反身如猛虎躍崖
回身之狀

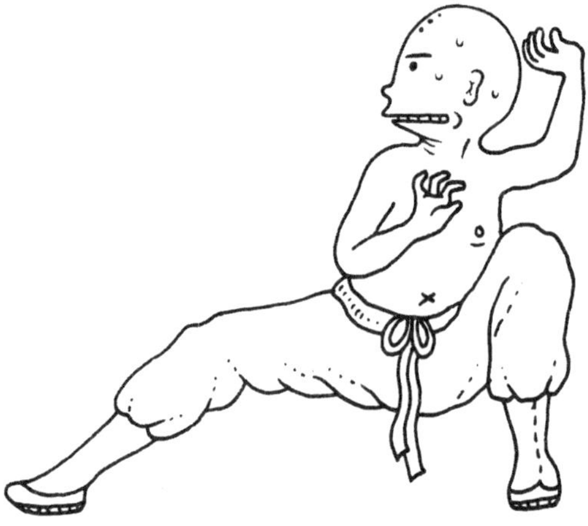

## 四、問

請問一般人都覺得練武的人因為有拉筋就會較容易長不高，這是一種迷思嗎？還是有醫學上的根據？

**答**

身高跟遺傳學還是有相當大的關係。然而就運動的觀念來講，小孩子在生長的過程中，決定身高的因素在於骨頭之間的一個生長板，這個生長板一旦癒合了，就算給他再多的刺激也是長不高。在還沒癒合的時候讓他運動，讓他的肌肉得到伸展和骨骼得到強化，自然就會一直長高，當然這也不是無限制的。拉筋其實是有助於身高的成長，但是倘若因方式不對而造成拉傷以後，肌肉便需要休息跟復原，在復原過程中便不會繼續成長，所以才會影響到身高的發展。但是如果沒有拉傷，而且都是照正常方法進行拉筋的話，其實反而會對長高有幫助。另外，倘若骨骼斷了，那也是沒有辦法長高的，因為它需要時間進行修復，

在此同時就不見得能夠繼續長。所以只要不受傷，練武都不會有這些影響；相對的，方法要是錯了而受傷，肯定會有影響。

## 五、問

請問學過傳統武術多年，有一定底子也要從基礎級開始嗎？

**答**

有一定的武術底子在學習上有絕對的幫助，一方面是由教練了解你的實力及程度為何，以及適合發展的方向；另一方面則是須由教練觀察習武者之德性，所謂習武必先習德，這並非刻意刁難，而是少林寺武學千百年來的傳統。

## 六、問

我是個運動白癡，也沒有任何基礎，加上體態臃腫……請問這樣可以練武嗎？會不會很困難？

答

由於沒有親自瞭解你實際的體能狀況，無法妄下定論。只能說武術運動的目的，是在於強健人體及強化各方面的耐力及協調性，除非你本身有疾病，必需等待痊癒方可習武，否則是沒有任何習武上的限制。不過，您需要量力而為並持之以恆，並依照身體的適應力循序漸進，這樣相信會讓你達到理想的效果。

將身一旋
變為坐馬
用右手出直
使力貫身

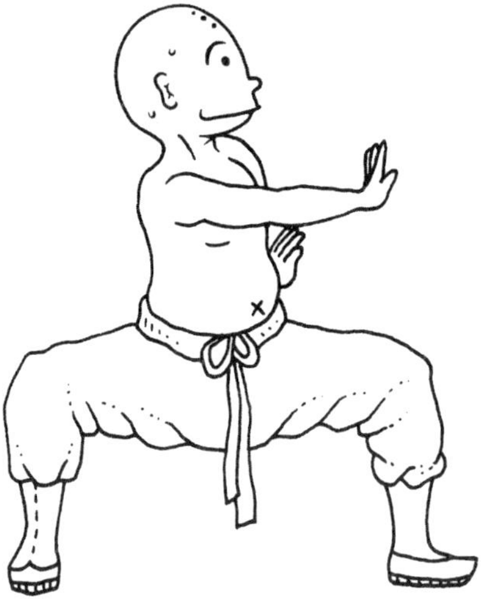

## 七、問

請問要練多久才能做到劈腿、後空翻？

**答**

簡單來說，劈腿是少林武術所要求的其中一種基本功，而後空翻則是將各項基本功皆練至純熟之後，利用身體的協調性來進行的整體動作。至於說要練多久，我想每個人的身體結構各異，所需時間自然不同，大致上若是每天能練習三次，每次三十分鐘以上的劈腿拉筋運動，持之以恆不中斷，約莫三至六個月即可練成。但是後空翻就比較說不準了，因為這還牽涉到人體自身的平衡感及協調性，我只能回答你這並不是短時間內所能達到的。

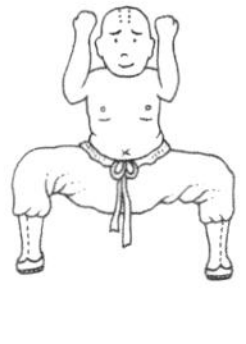

## 八、問

請問練武需要注意哪些地方？武術是否有危險性？

答

首先要認知武術是危險的運動，大部分個人修養還不錯的武術教練通常都會提醒學武之人，武術真的是個很危險的運動，哪怕是在平常練習拳法或兵器的時候，都請小心自己以及身旁的人的安全！

初學練習的時候，常常容易因為力道的拿捏還不是太準，或是讓自己處在還不夠專心等等的情況之下是很容易發生意外的。因此建議有興趣學習武術的大朋友或小朋友們，還是請將自己的心態和情緒與專心度都調整、準備好後再開始。保護自己的同時。也能夠愛護關心自己的人！

另外，武術是拿來強身健體的，我們希望同行之間還能夠有更多的良性互動和交流，讓彼此都能在武術的進修上相互學習以及共同成長，而不太建議和鼓勵大家惡性競爭以及彼此有濃厚較勁意味的比劃，不讓自己身處危險當中，則是學習武術的基本要件之一，因此自己不主動出現挑釁的言語或行為，將是使自己與危險環境保持距離的一種良好方式之一。

然而對於外來的、不友善的挑釁行為，我們通常都會這麼建議練武的人：快跑！

三十六計，走為上策！

而且呀，跑步也是一種訓練耐力的功夫！

從上圖轉正身
用右手一沈名天踏手

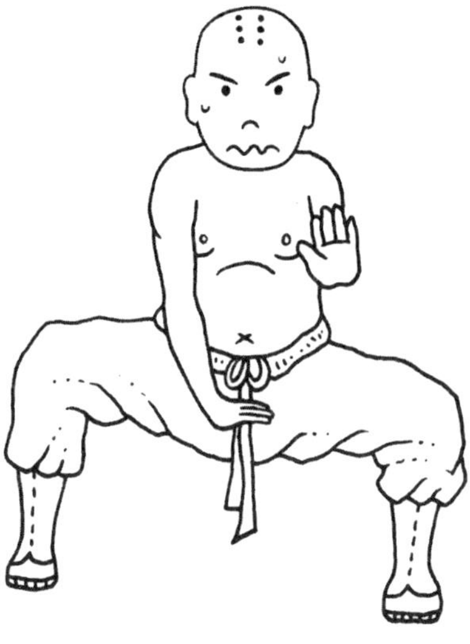

## 九、問

請問教練能否結合飲食方面相關知識，加上在少林寺學到的針灸、氣功等醫學知識，在體重控制、健康飲食方面提供助益？

**答**

醫、武的連結性很強，舉個例子說明，我有一位學生，施丞修是個具備台灣中醫執照並有在業界執業的中醫師，他本身當然具備針灸、穴道的專業知識。他現在嘗試利用我所教授的內功，應用於針灸、穴道上，以期能達到某種加強的效果。

至於飲食與功夫結合的方面，其重要性自不待言，而我想特別強調的是飲食裡的藥膳食品。練功時倘若除了能讓內氣達到身體的特定經絡的同時，在配合上合於個人身體情況的藥膳來進行調理，相信會比單純練功，或者是純粹飲食控制的成效來得好。如何將功夫結合飲食與醫學，這也是目前我和施醫師正在共同努力的地方。

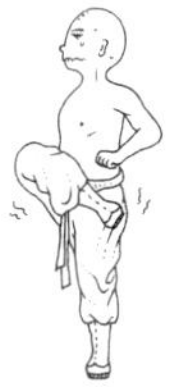

## 十、問

請問您在練武的經驗裡，曾經有過什麼難忘的啟發？

**答**

曾經聽過一位舞蹈家在描述自己學舞的過程之中，將學習太極導引的心得融入了其舞蹈的訓練與表演之中，透過太極導引中利用身體所旋轉發出的力量，強化了舞蹈動作中的不足，進而提升了表演的素質與內涵。關於這位舞蹈家將太極導引與舞蹈進行結合的例子，其實我亦有深切的同感，因我本身所練的少林拳，本屬較剛猛外放的拳法，在我初學之時，也深切感受過其剛勁的威力。但每當見到少林寺裡較資深的老武僧在演練著和我相同的拳法時，卻總是感到和我所習練的方式有很大的差異，由於當時的我尚無法體會少林拳法深層的意涵，只知道師兄及師父們常告訴我，練拳不是死記招式和使用蠻勁，而是要懂得剛中有柔、柔中帶剛，要想得知其中奧妙，便須用心體會。

然而或許是我資質稍鈍，雖然日練有功而能日益進步，但卻總覺無法達到心中所追求之境界，總是覺得應該還有什麼訣竅是我尚未參透的。直到師兄安排了我去向陳家溝的太極拳老師父學習「纏絲勁」後，我開始對我所學的功夫有了全新的體悟與認知。

簡單介紹一下我所學到的「纏絲勁」心得。簡單來說，所謂「纏絲勁」即是將力量由地面透過足跟、膝蓋累積於脊椎之中，再藉由呼吸的方式配合脊椎的轉動，將力量透過關節的轉換發揮至人體的任何部位，乃至於最末端的肢體亦能產生驚人的力量。一言以蔽之，即是運用最少的消耗產生最大的力量，也在這個過程之中，讓我逐漸體會了少林拳中的柔與勁，一掃心中多年來的疑惑。由於我在太極拳的無限領域之中只學得一點皮毛，因此只就我個人之感想進行描述，還請各位先進多多指教。

我常常會藉著這個例子來勉勵自己要廣泛學習，努力不懈之同時，更要將所學活用，在靈活思緒中懂得沉靜的感受，我想這正是少林功夫所追求的「悟」吧！

正中宮地盆
是子午奇龍馬
此名喚翦翼沖天勢
此手由雙肩
用慢力推盡為止

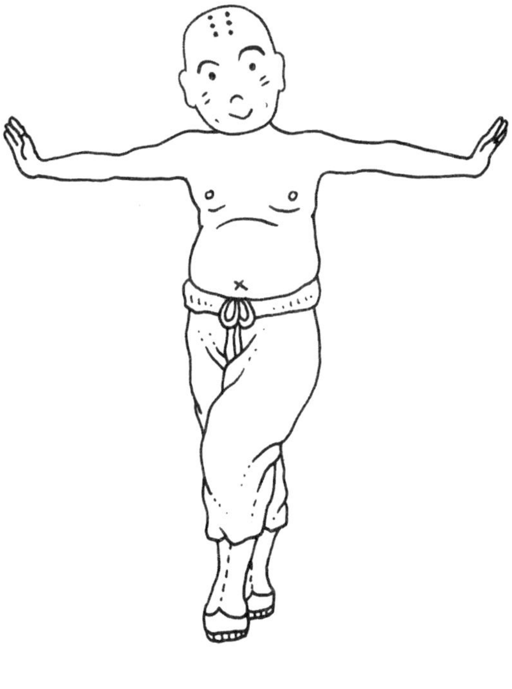

—— 國家圖書館出版品預行編目資料 ——

台灣鐵頭出少林 / 林勝傑著 —— 初版
—— 臺北市：大塊文化，2007．11
面：　　公分 ——（catch；138）
ISBN 978-986-213-017-9（平裝）

1.林勝傑　2.功夫　3.通俗作品

528.97　　96019814

LOCUS

LOCUS

LOCUS

LOCUS